高速公路（网）风险防控与运行安全保障技术

宋灿灿　吕新建　张　伟　张　昱　编著

人民交通出版社
北　京

内 容 提 要

本书在大量实验与理论分析的基础上，以具有代表性的高密度路网——京台高速公路泰安至曲阜段高速公路网为例，全面系统地阐述了高速公路(网)风险防控理论与运行安全保障工程实践；面向高速公路网高密度特征提出了高速公路网模型和路网拓扑结构构建方法；面向高速公路网多车道与大流量特征，提出了专用车道、自动驾驶专用车道的设置技术与安全保障技术；充分考虑公路的现状特征，提出了固定与移动相结合的运行环境监测技术，提出了云雾运算规则；基于风险管理的基础理论，综合考虑基础路网、附属设施、交通事件、气象条件等要素，提出了与管控需求匹配的高速公路网运行数据概念模型、逻辑关系模型。

本书可供公路管理人员和交通运输工程领域的研究人员参考使用，也可作为大专院校师生的教学参考书。

图书在版编目(CIP)数据

高速公路(网)风险防控与运行安全保障技术 / 宋灿灿等编著. — 北京 : 人民交通出版社股份有限公司, 2024.6

ISBN 978-7-114-19529-7

Ⅰ.①高… Ⅱ.①宋… Ⅲ.①高速公路—公路网—交通运输管理—风险管理 Ⅳ.①U491

中国国家版本馆 CIP 数据核字(2024)第 091761 号

书　　名：高速公路(网)风险防控与运行安全保障技术
著 作 者：宋灿灿　吕新建　张　伟　张　昱
责任编辑：崔　建
责任校对：赵媛媛　魏佳宁
责任印制：刘高彤
出版发行：人民交通出版社
地　　址：(100011)北京市朝阳区安定门外外馆斜街 3 号
网　　址：http://www.ccpcl.com.cn
销售电话：(010)59757973
总 经 销：人民交通出版社发行部
经　　销：各地新华书店
印　　刷：北京市密东印刷有限公司
开　　本：787×1092　1/16
印　　张：8.5
字　　数：202 千
版　　次：2024 年 6 月　第 1 版
印　　次：2024 年 6 月　第 1 次印刷
书　　号：ISBN 978-7-114-19529-7
定　　价：48.00 元

PREFACE 前言

随着经济发展及人民群众出行需求的快速增长,我国机动车保有量、驾驶员数量、高速公路里程持续增长,交通行业得到飞速发展,我国已成为交通大国。2008年以来,我国的道路交通安全形势总体稳定向好。但是,由于我国道路交通管理对象体量巨大,不同地区交通安全指数差异较大,受在途车辆种类日益增多、交通参与者安全意识不强以及驾驶行为习惯不当等状况影响,交通运行风险增大、道路安全系统可靠性降低,交通事故反弹压力巨大。近年来,恶性交通事故、交通拥堵等问题带来的社会压力日益凸显,仅通过被动防护、事后处罚等手段已不能有效破除我国道路交通安全发展中的制约因素。因此,变被动治理为主动防控,实现事前降低道路交通运行风险、事中有效的应急管控,建立我国道路交通安全主动防控体系,已成为当前迫切需要解决的问题。

"安全保障完善可靠、反应快速"是加快建设交通强国的重要任务之一。变被动防护为主动防控已成为国际上道路交通安全发展的迫切需求,也是道路交通安全防控技术的热点和发展趋势。面向"人""车""路""环境""管理"等交通要素,通过数据检测、信息传输、风险评估、预警干预和系统集成等技术研究,对道路交通安全风险进行主动防控,弥补被动防护不足,减少交通事故损失,是提升道路交通安全保障能力的最佳路径。然而国内外尚存在相关核心的科学问题和技术问题有待突破:在道路交通安全机理、不同道路条件的交通行为特性等方面缺乏定量化深度研究,尚缺乏能有效分析复杂道路交通条件下多车交互影响机理的仿真分析平台;对道路交通行为的监测和预警干预手段相对孤立,交通行为信息提取的准确性有待提升,预警干预手段的有效性较低;信息孤岛的情况较为突出,跨部门、各层级信息系统数据资源互联互通水平较低,难以实现道路节点、路段、路网多层级运行状态的安全评估和有效预警。

北斗高精度定位导航、大数据云计算、人工智能、空间激光传输等大量现代新技术的涌现,加速了新一代信息技术与交通运输的深度融合,使得道路交通安全保障技术向着更加广阔和深层次的方向发展,智慧化安全保障将是未来智慧交通发展的重要方向。研究道路交通安全主动防控技术可以更加精准地感知交通运行状态、更加快速地评估交通运行风险、更加全面可靠地进行综合防控，形成全时、全面和超前的道路交通防控系统，有效降低交通事故率、提升道路通行效率，支撑我国道路交通安全主动防控等核心技术向高效、精准、全方位服务方向健康发展。

本书主要依据高速公路（网）风险防控与运行安全保障技术和应用成果，参考国内外高速公路（网）风险防控与运行安全保障方面的成就编著。其中，宋灿灿、吕新建撰写第1章，宋灿灿、荆迪菲撰写第2章，吕新建、宋灿灿、梁天霄撰写第3章，张昱、张伟撰写第4章，张伟、朱本成、宋灿灿撰写第5章和附录。宋灿灿、梁天霄负责全书的统稿工作。在此向全体编写人员致谢！

由于编写人员水平有限，不足之处在所难免，恳请读者批评指正。

编写组

2023年8月9日

CONTENTS 目录

第1章

概　　述

1.1 背景

安全是交通运输发展的永恒主题，是交通运输业可持续发展的基本前提。发达国家一直将交通安全作为交通发展的重要目标，特别是近年来《欧盟交通运输白皮书》和《美国2045年交通发展趋势与政策选择》先后提出了交通“零死亡”的发展愿景。我国作为交通大国，一直非常重视交通安全生产，将其纳入公共安全发展体系。习近平总书记在党的二十大报告中强调，坚持安全第一、预防为主，建立大安全大应急框架，完善公共安全体系，推动公共安全治理模式向事前预防转型❶。2022年7月，国务院安委会办公室印发的《“十四五”全国道路交通安全规划》指出，“十四五”期间要实现道路交通现代治理迈上新台阶、道路交通治理能力达到新水平、道路交通本质安全实现新提升、道路交通文明意识得到新提高、道路交通事故预防取得新成效。我国在公共安全治理方面提出了“源头治理”“双重预防机制建设”“本质安全”“安全第一、预防为主”等重要举措，充分体现了居安思危、未雨绸缪的风险防控意识和事预则立的经验智慧。近年来，我国在道路交通安全方面取得了显著成就。然而和发达国家相比，我国道路交通安全形势不容乐观，重特大事故时有发生，道路交通安全水平还有待进一步提升。近几年，全国道路交通死亡人数反弹，如图1-1所示。虽然公路运输安全领域已经开展了长期的持续性研究，但随着交通领域技术变革、路网更新、运输工具迭代，新的关键技术难题不断涌现。

自20世纪80年代我国大陆第一条高速公路——沪嘉高速公路建成通车以来，时至今日，全国高速公路网规模已基本形成，为经济社会发展作出了巨大贡献。新一代高速公路具有路网密、车道多、车速快、流量大等发展特点，出现了自动驾驶专用车道、客/货专用车道等新的交通组织及路权划分形式，同时具备了先进的数据感知、传输、运算、发布软件平台和硬件设备条件。此外，近年来我国民用汽车保有量保持两位数的增长速度，如图1-2所示，给高速公路的

---

❶ 出自《人民日报》(2022年10月26日01版)。

运营管理带来了更大的压力。综合来看,我国已建成设施比较完善、规模较大的现代高速公路网。同时,高速公路(网)面临的交通流量激增、交通需求集中、恶劣天气频发、自然灾害极具破坏性、交通事故多发等突发事件方面的问题已经成为制约提升我国高速公路交通安全水平的重要因素。

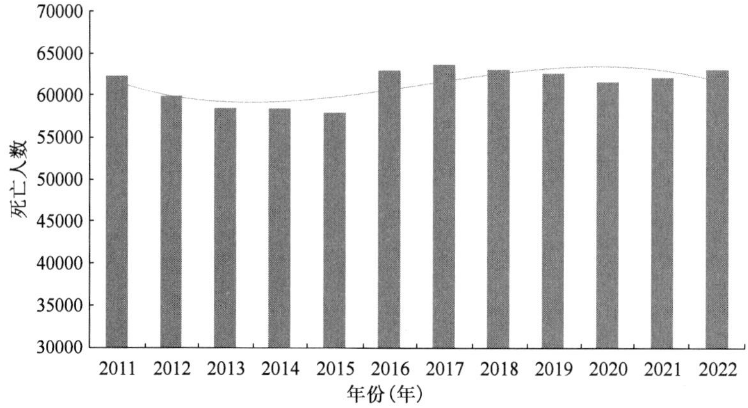

图 1-1　道路交通事故死亡人数情况统计

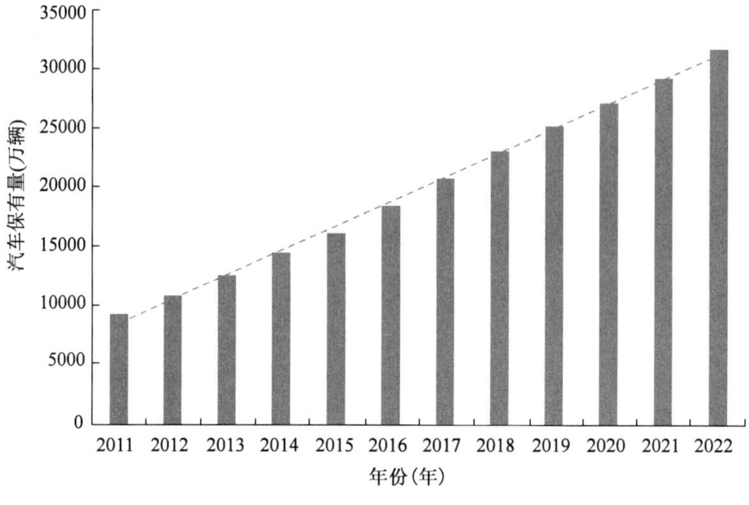

图 1-2　2011—2022 年我国汽车保有量统计

“安全保障完善可靠、反应快速”是加快建设交通强国的重要任务之一。国内外经过多年的技术攻关与不断求索,发现通过数据检测、信息传输、风险评估、预警干预、交通管控和系统集成等技术研究,对高速公路(网)安全风险进行主动防控,是提升高速公路交通安全保障能力的最佳路径。针对我国高速公路(网)呈现出的路网密集、车道多、交通量大、车辆类型多、新型混合交通流、恶劣天气频发等新型特征,面向高速公路(网)运行风险监测与运行安全保障的共性研究问题,应从数据模型构建、运行风险模型建立、路径诱导实现与管控系统搭建的系统链路入手,研究针对新一代高速公路(网)的风险监测与运行安全保障体系,旨在改变以往路段级、低时间粒度的风险监测,提供主动的、车道级、路网级的高速公路(网)交通安全服务,减少交通事故,降低事故伤害和减小事故影响范围,提升我国高速公路(网)安全服务水平,实现交通强国的建设目标。

1.2 风险防控与运行安全保障技术简述

国外关于风险防控的研究较早且相对成熟。在风险分析与评估方面,哈顿矩阵法和领结图法是经典的两种方法。此外,Akintoye 和 MacLeod 采用基于历史经验知识的方法进行风险评估。Wang 等建立了基于综合模糊评价层次分析法和统计分析的风险定量评估模型。Serguieva 和 Hunter 建立了基于模糊区间的风险评价体系。Kuchta 将模糊数据方法应用于项目风险评估。Ebrahimnejad 等采用模糊多属性决策模型识别、分析和评价风险。Mousavi 等提出了一种基于非参数重采样和区间分析的风险评估新方法。在安全保障方面,Roncoli 等考虑车队的计划调度,提出了一种基于风险评估的道路危险货物运输流量控制方法,解决了实时流量分配问题。Mooren 等基于文献科学计量方法总结了有关运输车辆驾驶员安全培训、管理承诺、工人参与、激励薪酬等交通风险管理策略。Bortey 等提出了一种新的弹性预测安全风险概念模型,该模型采用机器学习算法来加强公路行业的安全风险管控。Prabhakar 等总结了风险控制的四个基本策略:风险回避、损失控制、风险转移、风险保留。哈顿提出的十大策略可概括为四个方面:终止、替换及最小化策略,预防策略,检测和警告策略,缓解策略。

国内采用的高速公路交通运行风险评估方法主要有动态归类技术、改进 BP 神经网络、贝叶斯网络量化分级、ANP 和模糊积分等。王立浩建立了高速公路危险品运输安全风险评估体系,并以层次分析法确定各指标权重。潘正中等对我国高速公路隧道运营安全风险进行辨识,构建了隧道分区段和总体运营安全风险评估指标体系,提出了隧道分区段运营安全风险评估标准。罗勇等根据高速公路隧道交通事故特点将隧道分为三个研究区段,分析了影响高速公路隧道运营安全的各个因素,建立了三个区段的递阶层次结构模型,得出各区段影响因素对各个评价目标的相对权重。在安全保障方面,陈维谦从公共管理学角度出发,结合事故致因、风险管理等理论,综合运用案例研究法、访谈法及观察法,提出了路段交通事故风险控制效能提升的对策。李国良通过分析不良气象条件对高速公路交通事故的影响,提出利用成熟的物联网技术,实现气象监测、交通指示等设备和设施的互联,在决策中心高性能运算的基础上,通过远程控制实施高效的安全管理策略,提升高速公路交通安全管理智能化水平。白如月等提出了动态限速对在役高速公路交通安全风险影响程度的量化方法。以上方法所研究的场景主要有高速公路网常态、交通拥堵状态、交通事故发生后以及交织区等。

整体来看,当前国内外高速公路风险防控与运行安全保障技术,逐渐由被动的安全事故防治转向主动的运行风险管控,主动防控是高速公路(网)安全防控的技术热点和发展趋势。然而,国内外尚存在核心的技术问题有待突破:面向设计、施工与养护管理的数学模型已经逐渐成熟,尚缺乏统一完善的、面向风险监测与主动预防的数据模型,智能化管控系统的数据标准不统一,数据壁垒桎梏着风险监测系统的更新迭代,严重制约了跨部门、跨行业的系统数据互通互联;对高速公路的风险监测和预警手段相对孤立,单一的云端控制系统难以满足大数据的运算效率要求,数据来源的低冗余制约了风险监测、预警预告的精度与准确性,预警干预手段单一且有效性低;高速公路风险监测模型不能适应多车道、高速度、全天候、高精度、细粒度的发展需求,尚缺乏面向高速公路(网)新特征的路网风险监测模型,无法实现高速公路(网)节点、路段、路网多级运行状态的风险监测与主动防控。

本书针对我国高速公路长期存在的事故频发、事前预警不足、事故防护弱等问题，面向新一代高速公路路网密、车道多、车速快、流量大、全天候、智能化的发展需求，紧抓交通智慧化发展的契机，以具备先进的数据感知、传输、运算、发布软件平台和硬件设备条件的高速公路(网)为研究对象，采用先进的交通管理理念与信息技术，使高速公路(网)能够更精确地感知交通运行状态与路域环境、更快速地评估不同层级的交通运行风险、更精确地管控交通，形成全时、全面与全天候的高速公路(网)运行风险监测与主动防控系统，有效降低事故率、提升通行效率、提高安全服务水平，支撑我国高速公路(网)主动防控的核心技术向高效、精准、全方位服务方向健康发展。

1.3 新一代高速公路网的特点

新一代高速公路具有路网密、车道多、车速快、流量大、全天候、智能化的发展特点。路网密体现在我国高速公路网密度与公路网密度的不断攀升，如图1-3所示。据交通运输部发布的数据，截至2022年7月，我国高速公路对于20万以上人口城市的覆盖率达到98.8%，几乎可以通达城市的每一个末梢。

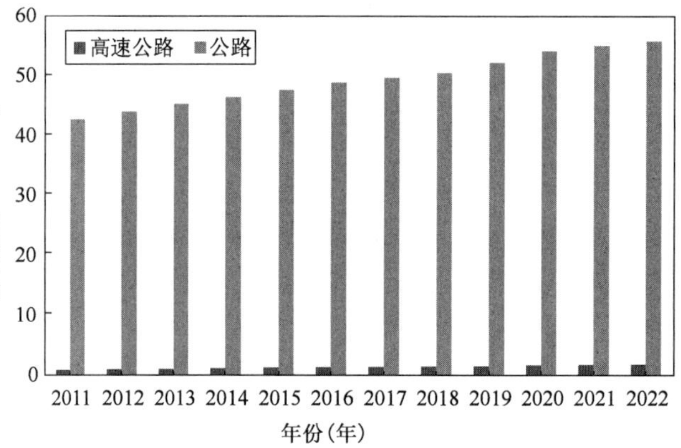

图1-3　2011—2022年我国高速公路和公路路网密度统计图

高速公路与关联路网的高密度能够为驾驶员提供更多的路径选择方案，在遇到交通拥堵时灵活地选择替代路径；但是其缺点也非常明显，突发事件引发的交通拥堵会在路网中快速蔓延，严重时可蔓延至高速公路相邻道路，对局部路网造成影响，导致路网通行效率下降。交通拥堵的外在表现形式是路网交通流在特定时间和空间上呈现出分布形式的不均匀状态，而其内在形成机理是交通需求与交通供给之间的矛盾。近年来，我国交通拥堵问题的治理思路正逐步从主要依靠扩大路网规模来解决日益增长的交通需求，向利用需求管理技术改造现有道路交通系统转变。路径诱导是从路网层面疏解拥堵、均衡路网车流的重要措施。合理有效的路径诱导策略将有助于缓解交通拥挤状况、改善交通运行状态、提高交通系统运行效率。在既有交通需求和供给下，通过路径诱导方法来规避大面积区域拥堵，实现驾驶需求转移和交通流的合理分布，提高道路利用率，是交通管理者最为青睐的策略。当最初选择的最优路径中任意路段出现突发事件导致原最优路径失效时，出行者需根据前方路网交通状况作出新的路径决策。现代高速公路网良好的连接性、均质性和路径选择性，使得出行者在多个互通均有多种具有平行特性的备选路径，极大提高了出行者更换出行路径的意愿，为动态路径诱导策略实施提供了基础保障。

新一代高速公路车道多、流量大的特点体现在如火如荼开展的高速公路改扩建项目中，双向八车道高速公路改扩建逐渐成为主流，部分大流量高速公路甚至拓宽至双向十四车道，如广州机场高速公路蚌湖至白云机场段。截至 2023 年 8 月，山东省双向六车道以上的高速公路占比达到 32.8%（通车里程 8048km），多车道高速公路已经形成规模。多车道高速公路的发展为交通路权的划分带来了应用场景，同时也为风险防控带来了机遇与挑战。机遇体现在非交叉区域的客货分行，多车道场景可以使运动性能差异大的客货车辆各行其道，解决客货混行在高速公路上形成的货车“移动瓶颈”。挑战体现在高速公路的出入口区域，如互通式立交、服务区、停车区等，客货分行的交通组织与车辆进出便宜性之间存在不可调和的矛盾。在高密度路网运行条件下，高速公路出入口区域客货车辆的交互干扰形成的紊流传播范围与影响程度影响了路网的整体运行效率。因此，如何定量分析客货分行高速公路出入口的交通运行风险，成为多车道高速公路专用车道设计亟须解决的问题。

2020 年以来，国家和地方政府陆续出台了多项政策要求实现准全天候通行。交通运输部路网中心 2019 年运行报告显示，我国高速公路因恶劣天气阻断事件年均达 2 万多起，阻断里程超 100 万 km，通行费收入整体损失年均约 440 亿元，占年通行费收费总额的 5% ~15%。其中，恶劣天气影响占公路交通阻断原因的 52%，这也是目前业内难以攻克的问题，如图 1-4 所示。

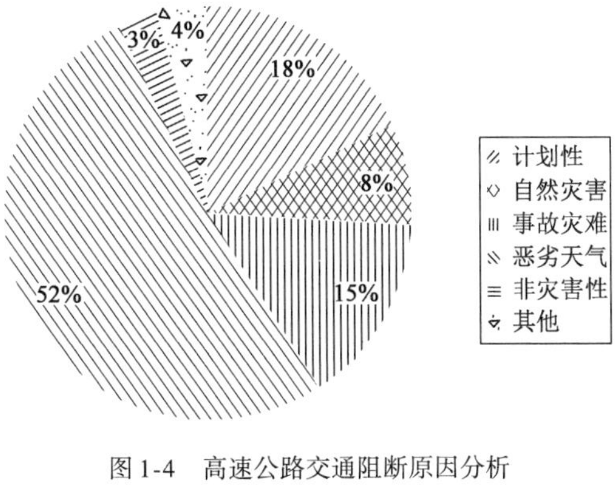

图 1-4　高速公路交通阻断原因分析

人工智能、大数据云计算、数字孪生、自动驾驶、北斗高精度定位导航等大量新技术的涌现，加速了新一代信息技术与交通运输行业的深度融合，也为攻克高速公路全天候运行的难题提供了新的解决途径。精细化的交通诱导是保障全天候通行的重要手段，而精准与实时的数据感知是实现精细化诱导的前提，因此，保障高速公路全天候通行条件下的数据感知能力是非常重要的基础性工作。合理选择高速公路运行环境监测设备并确定其布设原则，可以有效提高高速公路运行环境监测技术水平。运行环境监测设备常采用固定在高速公路门架、立柱上等方式采集实时数据，同时为弥补固定采集方式不足，还可在交通监测车上搭载交通运行状态监测设备，以达到对高速公路沿线运行环境进行监测的目的。实时监测数据通过光纤、5G（第五代移动通信技术）等传输方式完成数据传输，实现高速公路设备与云平台的协同交互。

新一代高速公路的智能化体现在自动驾驶与路网风险的主动防控两个层面。随着自动驾驶技术的不断探索与尝试,目前行业内对于L4级及以上自动驾驶的实现途径已经达成基本共识,即车路协同的技术路线。为了实现车路协同感知、协同决策、协同控制的需要,在需要进行车辆协同的不安全场景路段进行智慧化改造,如沪宁高速公路、五峰山高速公路的智慧化改造。鉴于行人和人工驾驶车辆运行轨迹的不确定性,为了避免人机混合驾驶,保障自动驾驶车辆的运行安全性,在多车道高速公路上单独划出自动驾驶专用车道是最普遍的解决问题的思路,但该方式无法解决高速公路出入口人机混合驾驶的问题,新型混合交通流的风险评估与主动防控依然是不可绕避的技术难题。智能化的另一方面体现在国家在智慧高速公路方面的部署,有代表性的是交通运输部2018年2月部署加快新一代国家交通控制网和智慧公路试点,在9个省(市)共开展6个方向的应用,如图1-5所示。

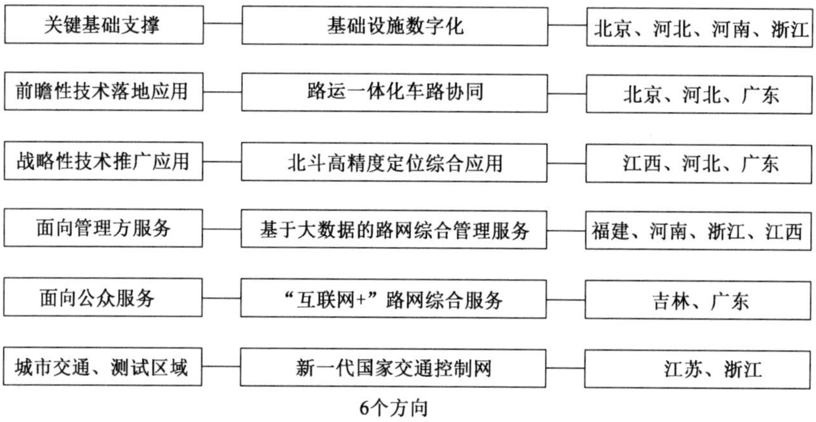

图1-5　新一代国家交通控制网和智慧公路试点图

1.4 主要内容

本书共5章,除第1章"概述"外的主要内容有:

1)高速公路网结构与路网模型

针对现代高速公路网高密度特征,将高速公路网层次划分为高速公路及快速路层、干线公路及城市干道层、关联道路层。将枢纽式互通式立交、高速公路出入口、平面交叉口等起到合流或分流作用的道路分岔口定义为路网节点,根据其在路网中的位置、功能的不同,划分为一级节点、二级节点、三级节点。综合考虑高速公路网的可知性和连通性、可控性、替代路径可选择性,提出了高速公路网构建基本原则。将模糊层次分析法的思想与n维欧氏距离结合,提出一种基于Topsis算法的高速公路网范围确定方法,用"加权欧氏距离"对路网中道路关联度进行评价。基于图论的方法提取高速公路网结构特征,提出基于图论的高速公路网拓扑模型构建方法。

2)高速公路交通运行路权

针对多车道高速公路,提出客车专用车道及自动驾驶专用车道的设置方法,包括车道功能划分方法、车道宽度选择、标志标线设置以及车道管控措施。基于交通量、车型比例,采用交通仿真实验模拟不同车道功能划分方式,分别选取通行性和安全性指标,并计算综合得分判断最合适的划分方式;客车专用车道内通行车辆主要为小客车,可以考虑对车道宽度进行缩减,采用驾驶模拟实验的方式,对比不同车道宽度下小客车的运行状态,得出最合适的车道宽度;基于车辆可插入间隙理论建立出入口可变道路段长度理论计算模型,并结合标志标线视认性分析,提出设置客货分离高速公路出入口交织区路段标志标线设置方案;根据实际交通情况对多车道高速公路进行动态管理。

3)高速公路运行环境监测

针对现代高速公路运行环境监测需求,提出气象环境监测设备及布设原则和交通运行状态设备及布设原则,提出移动式交通运行状态监测技术方法,通过在交通监测车上搭载交通运行状态监测设备的方式,达到对高速公路沿线运行环境监测的目的。提出交通运行状态监测数据传输的设备与传输服务器功能实现要求,针对雾端边缘计算设备特点提出数据存储方法,制定云雾运算规则,提出雾端多源异构数据在时间和空间的融合方法,研究 Socket 通信方法,实现高速公路雾端设备与云平台的实时通信。

4)高速公路运行环境数据模型

针对现代高速公路新特征,基于需求分析和系统工程理论,对高速公路系统进行分解,确定数据模型的精细度技术要求,提出高速公路及路域环境数字化表征方法,建立描述模型。基于标准化、可扩展的原则,建立高速公路各信息要素的标识码和分类编码方法。按不同类别数据特征,确定适当的存储方式。本章解决面向运行风险管控的数据类型、模型精细度、信息深度、编码方法、数据存储等技术要求问题。

第2章

高速公路网结构与路网模型

高速公路作为区域交通的重要基础设施,是加强地区间客货联系与交流的重要通道。随着高速公路机动化出行需求的增加及道路工程建设的推进,我国高速公路密度不断增大,路网规模与通达深度也在持续扩大。高密度路网的主要优点在于路网结构良好的连接性和选择性。良好的连接性和选择性是城市交通均质分布和组织的前提,使出行者具有多路径选择权,而非通过传统的等级路网体系将交通流向交通干道汇集。然而由于高频次与超灵活的交通转换,发生交通事件带来的运行风险会在区域路网内迅速广泛传播,从而导致路网通行效率下降。阻断高密度路网运行风险防控的重要手段是实时进行路网交通流的重分配,不断提升公路信息服务是实现路网交通分配的重要手段,而信息的有效性与准确性受限于路网结构与路网运行状态的有效监测。因此,为了有效地进行路网风险管控,服务不同需求,建立合理完善与高效率运行的路网结构模型是非常重要的基石。

2.1 山东省高速公路网概况

山东省是我国高速公路建设起步较早的省(区、市)之一,1993 年建成的青银高速公路山东段(济青高速公路)是山东省的第一条高速公路。以此为开端,山东省开启了“基建”的高光时刻。1999 年 7 月,京福高速公路济南段建成通车,山东高速公路总里程率先在全国超过了 1000km。1999—2008 年,山东省的高速公路里程连续 10 年领跑全国,位居全国第一。截至 2021 年底,山东省高速公路通车里程达到 7473km,“九纵五横一环七射多连”的高速公路网骨架基本形成,高速公路密度达到 479.65km/10000km^2,位列全国第七,具有高速公路路网密度高的显著特点。根据《山东省高速公路网中长期规划(2014—2030 年)》和《山东省综合立体交通网规划(2021—2035 年)》,“十四五”期间,山东省高速公路网将持续加密,提升互联互通能力,实施济南绕城高速公路大西环、大北环,济青高速公路中线济南至潍坊、潍坊至青岛等新建项目;预计到 2035 年,山东省高速公路通车里程将达到 12000km 以上,路网密度将进一步提高。

高速公路网的日益完善促使山东省高速公路的建设重心由新建向存量高速公路的改扩建转变,由此使得山东省高速公路呈现出多车道与高速度的特点。截至 2023 年 8 月,山东省双向六车道及以上高速公路占比达到 32.8%(通车里程 8048km)。预计到 2035 年,随着日兰高速公路巨野至菏泽段、京台高速公路、济广高速公路济南至菏泽段等高速公路大通道改建扩容项目的完成,双向六车道及以上高速公路占比将提高至 36%。山东省早期建设的 22 条高速公路的设计速度为 100km/h,占全省高速公路总里程的 20%,设计速度 120km/h 的高速公路占 80%。为了全面提升山东省高速公路通达能力和通行效率,改扩建高速公路的设计速度均提升至 120km/h。

山东省积极落实交通强国和交通强省的战略布局,加快推进《智慧高速公路系统工程研究及实践》交通强国试点任务,大力推进智慧交通建设,预计到 2030 年,全天候通行、全路段感知、全过程管控的智慧高速公路占比将达到 50% 以上。山东省紧抓高速公路改扩建的契机,创新提出了"改扩建 + 智慧高速公路"的建设模式,2021 年 9 月建成通车的京台高速公路是全国首条以该模式建成的智慧高速公路。为全面推进智慧交通服务体系,山东省将积极推进交通运输数字化、网络化和智能化,建设高精度数字化基础地图和交通基础设施信息库,广泛应用交通基础设施自感知、5G、物联网和人工智能等新技术,提高科技含量,打造智慧高速公路建设山东模式、山东标准和全国标杆。

京台高速公路是国家高速公路网中的放射线 3,连接了北京、天津、济南、合肥、福州、台北等城市,构成了北京向南辐射的快速主干通道。京台高速公路山东段位于山东中西部,纵贯山东南北,沿线连接了济南、泰安、济宁等 5 个大中城市和 17 个县市区,是"九纵五横一环七射多连"的重要组成部分,路线全长 360.691km,已全部建成通车。其中,京台高速公路泰安至枣庄(鲁苏界)段全长 189km,采用设计速度 120km/h 的双向八车道标准建设。京台高速公路泰安至枣庄段项目作为山东交通强国智慧高速公路试点项目,全线硬件设施健全、监控设备基本实现了路网全覆盖,涵盖 70 余类感知、监测、诱导、发布等功能的外场设施,融合了 5G、大数据、物联网、北斗定位等前沿技术,成为国内里程最长、规模最大、应用场景最丰富、设备配置最优、施工组织难度最大的智慧高速公路,建成了全国首个"省域级"智慧高速公路云控平台、全国里程最长的开放式车路协同试验路段和全国首条全向/定向毫米波雷达融合路段。

为便于对高速公路路网结构和路网模型的理解,本书将以京台高速公路泰安至曲阜段、青兰高速公路、济广高速公路、济徐高速公路、日兰高速公路、新台高速公路、泰新高速公路、董梁高速公路围成的局域路网为例进行算法说明。

2.2 高速公路网层次划分

高速公路网涉及范围大,路网内道路之间的交通转换错综复杂,高效的路网风险防控有赖于路网层次的合理划分,这是构建路网模型的基础。层次清晰、功能明确的高速公路网可满足分层网络分析对路网分层及多层次表示的需求,降低路网数据维护成本,提高道路网数据的现势性和可用性,实现路网级精细化管控,是在既有资源条件下进行高速公路网风险防控的重要保障。

路网的层次划分主要有两种方式:一种是根据路网覆盖的地理区域范围划分为国家级、省际级和局域级。国家级高速公路网由全国的高速公路组成,连通全国范围内重要的城市,服务于远途交通。省际级高速公路网由省内的高速公路组成,服务于省内与省际的远途交通和城市内的集散交通。局域级高速公路网面向的是具体的高速公路,包括区域内高速公路及所关联的道路,路网范围虽然远小于国家级和省际级高速公路网,但其应用范围是最大的。另一种是根据路网内道路技术等级进行路网层次的划分,分为高速公路层和关联道路层,如图 2-1 所示。高速公路层包含国家级和省级高速公路,功能是实现交通流的通过性,主要承担的是过境交通和部分出入境交通。关联道路层包括除高速公路外的干线公路、城市快速路和城市干道,该层道路在公路网中占据主干地位,联系主要的人口聚居地带,连接各大经济、行政、文化或军事中心。

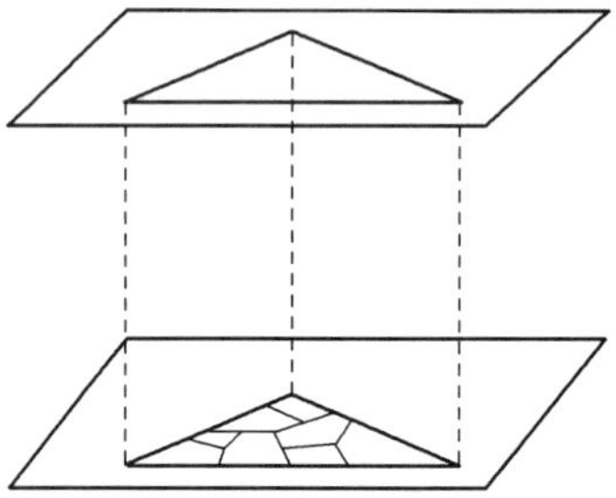

图 2-1　按道路技术等级划分路网层次

根据地理区域范围划分的路网层次有利于不同层级分区域进行行车风险的防控,根据道路技术等级划分的路网层次有利于抓住车辆运行风险的主要矛盾,二者也可以进行有序叠加,以充分发挥路网分层的优点。

2.3 局域级高速公路网模型构建

高速公路网模型的构建是高速公路网结构特征分析、交通运行状态评价和合理有效的风险防控策略制定的基础,因此,高速公路风险防控的首要任务是建立高速公路网模型,确定风险防控的边界条件。因为国家级和省际级高速公路网具有明确的边界条件,因此,仅介绍局域级高速公路网模型的构建方法。

2.3.1 高速公路网确定的基本原则

根据高速公路网风险防控的特点和影响高速公路网模型的因素,按照可知性、连通性、可控性、可替代性和关联性确定高速公路网。

1)可知性原则

以风险防控为目的建立的路网,纳入其中的道路信息应该是准确并全面的,道路信息越全面,对道路运行状态的判断越精准,对风险阻断措施的制定越科学。按照道路信息的时间属性,将道路信息划分为准动态信息和动态信息两大类。高速公路作为风险防控的重点,应当可以获取其准动态信息和动态信息。准动态信息包括长期会发生改变的道路建设标准、主要控制点、交通节点和交通工程附属设施的设置参数,动态信息包括短时间内会发生改变的交通流信息、气象环境信息、可通行性信息等。

我国道路建设经历了百年的发展，电子制图时代建设的公路易于获取道路信息，纸质制图时代及更早时期的道路难以获得道路信息。限于测量数据大且影响车辆通行，实地测量获取道路信息困难重重。因此，对于路网范围内除高速公路以外的道路，需要获取准动态信息中的道路建设标准、主要控制点、交通节点设置参数，动态信息包括交通流信息和可通行性信息。

动态信息的密度决定了路网风险防控的精度。如动态信息是分方向、分交通节点采集并记录的，则路网的风险防控可以达到路段级；如动态信息是分方向、分交通节点、分车道采集并记录的，则路网的风险防控可以达到车道级。

2）连通性原则

路网连通性高有利于风险状态下车流的合理组织与分配，它是缓解路网运行风险的重要举措。连通性反映了路网的连通状况，体现了路网的结构特征。满足连通性要求指构成道路网的全部交通节点之间在空间上是相互连通的，不存在孤立的交通节点，任意一个节点都可由若干道路连接到其他节点。两条道路之间连通性的好坏可由相互间连接线数量、等级、车道数等进行衡量。

对于路网的风险防控，任意两条路之间的连通性可能会由于交通管控或交通事件的影响随时间发生变化，因此，需要能在时间上反映路网连通性变化，即路网的实况连通性。

3）可控性原则

为了满足高速公路网风险防控的要求，路网中的路段与交通节点应能够满足可控性的要求，以及时发布并实施风险干预措施，达到路网级的控制效果。按照风险防控措施实施的位置，路网可控性可分为路段可控性和交通节点可控性两个方面。

①根据交通流控制的程度，路段可控性措施分为诱导性控制措施与强制性控制措施。诱导性控制措施包括警告标志、可变信息标志、路径诱导可变信息标志、信息化智能诱导系统等；强制性控制措施包括禁令标志、禁令标线、限宽门、限高架、交通信号灯、车道封闭设施等。

②当路段上的交通量区域饱和或因事件发生导致通行能力受损时，除了在路段上采取强制性控制措施外，交通节点处也需要同步采取强制性控制措施，根据预测的事件影响时间，通过控制部分车型或全部交通流驶入，降低路网交通流的需求。

4）可替代性原则

路网通行路径的可替代性是指出现交通事件时，出行者具有不少于一条的可替代路径。替代路径一般是路网中最优路径外的次优路径。是否具有可替代性路径影响风险防控对策的制定，存在可替代性路径时，可以通过交通诱导实现实时的交通分配，而缺乏时仅能通过强制性控制措施进行风险防控。同时，可替代路径的距离、技术等级、服务水平等是影响驾驶员选择意愿的重要指标，因此，在采取诱导性措施进行风险管控时，需要考虑驾驶员对可替代路径的可接受水平。但对于整个路网的风险防控而言，需要兼顾驾驶员对可替代路径的接受水平与路网运行状态，不能超出受流道路的交通承载能力。

5）关联性原则

建立路网的目的是当高速公路上发生计划性或突发性事件导致运行风险急剧增大时，可以合理有序地通过周边路网进行交通流的实时分配，实现全面降低路网运行风险的目标。因此，被纳入路网的道路应当与高速公路具有良好的关联性。一方面，高速公路与纳入路网的道路应该是可以直接或者通过连接线相互连通;另一方面,纳入路网的道路等级、通行能力等指标不能与高速公路相差太大,否则难以达到通过实时交通组织降低路网运行风险的目的。

关联性原则暗含了经济性原则,若考虑交通流的可疏散性,路网内纳入的道路越多越好,但是,路网范围过大会导致高速公路风险防控的成本显著增加。同时,由于绕行距离过远,驾驶员服从再分配的意愿显著降低,难以达到有序分散交通流的目标。

2.3.2 高速公路网模型建立

确定高速公路网范围需要根据目标高速公路的起终点,确定并行道路、连接高速公路与并行道路的其他道路。并行道路是与高速公路通常不直接连通,与目标高速公路部分或全线大致方向并行的道路。很多高速公路具有与其并行的道路,如沪杭高速公路的并行线包括杭浦高速公路、G104,济青高速公路南线的并行线包括 S329、济青高速公路北线等。并行道路对分担高速公路上的交通量具有十分重要的作用,由于并行道路与高速公路通常不连接,需要通过相交的道路或者连接线与并行道路相接,相交道路通过并行线的确定而确定。由于路网的复杂性,部分道路与高速公路之间的关联性并不明显,或者只有其中的一段与高速公路相关性好,因此,需要通过数学模型进行并行道路的选择。

并行道路与目标高速公路的关联度是多因素决策问题,传统的层次分析模型和模糊综合法的主观性很强,与实际情况有一定偏差,且只能对样本进行成对比选,无法确定样本的绝对优劣度。因此,提出一种基于 Topsis 算法的综合选择方法,将模糊层次分析法的思想与 n 维欧氏距离结合,用“加权欧氏距离”计算关联度,确定路网的范围。

1)指标体系的建立

运用层次分析模型,基于系统性、科学性、可比性、可测取性、相互独立性等原则建立路网并行道路选择指标体系,见表 2-1。

路网并行道路选择指标体系 表 2-1

遵从的原则	评价指标	评价指标符号	评价指标释义
可知性	交通信息获取能力	x_1	若能获取动态信息、准动态信息,赋值为 3;若仅能获取动态信息,赋值为 2;若仅能获取准动态信息,赋值为 1;若无法获取动态信息、准动态信息,赋值为 0
连通性	与主线高速公路互通性	x_2	用主线高速公路起终点范围内互通的连接线数量评判
可控性	交通流控制能力	x_3	若能采取诱导性、强制性控制措施,赋值为 4;若仅能采取强制性控制措施,赋值为 3;若仅能采取诱导性控制措施,赋值为 2;若无法采取诱导性、强制性控制措施,赋值为 0
可替代性	与主线高速公路的接近程度	x_4	并行道路通过连接线到达主线的平均距离
关联性	道路等级	x_5	若属于高速公路层,赋值为 1;若属于关联道路层,赋值为 2

2)指标归一化

由于量纲及量级的不同,各指标 x_1、x_2、…、x_5 之间不可度量,给比较综合评判值的大小带来了不便。为尽可能反映实际情况,要对各指标进行一致化和无量纲化处理。

①倒数法为指标一致化的常用方法,若处理后数据过小或过大,可乘一定倍数进行放大或缩小,不影响结果,见式(2-1)。

$$x_i' = \frac{1}{x_i} \tag{2-1}$$

式中:x_i——第 i 个指标的数值;

x_i'——指标一致化后第 i 个指标的数值。

②无量纲化常用的方法为极值法线性比例法比重法。本书选用比重法进行无量纲化处理,见式(2-2)。

$$y_i' = \frac{x_i'}{\sqrt{\sum_{i=1}^{n} x_i'^2}} \tag{2-2}$$

式中:y_i'——无量纲化后第 i 个指标的数值。

3)指标权重计算

指标权重的确定可以分为主观赋权法和客观赋权法。主观赋权法能够通过专业人员的判断,将影响力大的因素凸显出来。主观权重集确定的方法很多,如层次分析法、专家评判给分法等。层次分析法是确定多个权向量的行之有效的方法,采用 1 ~9 标度法构造判断矩阵,求解判断矩阵得出其最大特征根所对应的特征向量,经一致性检验通过后,特征向量各元素值即为各指标权重值 y。Saaty 建议的重要性语言量化标度见表 2-2。

重要性语言量化标度 表 2-2

因素 x 与 y 相较	标度值
x 与 y 同等重要	1
x 比 y 稍微重要一些	3
x 比 y 重要一些	5
x 比 y 重要得多	7
x 比 y 极端重要	9
x 比 y 处于以上相邻判断区间内	2、4、6、8

4)一致性检验

(1)计算一致性指标 CI,见式(2-3)。

$$\mathrm{CI} = \frac{\lambda_{\max} - n}{n-1} \tag{2-3}$$

式中:$\lambda_{\max}$——1 ~9 标度法构造得到判断矩阵的最大特征根;

n——1 ~9 标度法构造得到判断矩阵的阶数;

CI——一致性指标。

(2)由于一致性易出现偏离,需比较 CI 和相应的平均随机一致性指标,进而求得检验系数 CR。平均随机一致性指标 RI 值见表 2-3。

平均随机一致性指标 **RI** 值 表 2-3

矩阵阶数	1	2	3	4	5	6	7	8	9	10
RI	0	0	0.58	0.90	1.12	1.24	1.32	1.41	1.45	1.49

(3)一致性比例 CR 计算见式(2-4)。

$$CR = \frac{CI}{RI} < 0.1 \tag{2-4}$$

式中:RI——平均随机一致性指标;

CR——一致性比例。

如果 CR<0.1,则认为通过一致性检验。

5)关联度计算

引入欧氏距离的概念,与权重结合形成加权欧氏距离对关联度进行计算。可预先规定最理想点为 y^+,最不理想点为 y^-,则样本离最理想点的加权欧氏距离 D^+ 见式(2-5)。

$$D^+ = \sqrt{\sum (y - y^+)^2} \tag{2-5}$$

式中:y——样本点指标数值;

y^+——最优节点样本加权后的指标数值;

D^+——样本离最理想点的加权欧氏距离。

样本离最不理想点的加权欧氏距离 D^- 见式(2-6)。

$$D^- = \sqrt{\sum (y - y^-)^2} \tag{2-6}$$

式中:y^-——最劣节点样本加权后的指标数值:

D^-——样本离最不理想点的加权欧氏距离。

关联度(相对隶属度)R 见式(2-7)。

$$R = \frac{D^-}{D^- + D^+} \tag{2-7}$$

式中:R——关联度(相对隶属度)。

6)关联度排序

经过上述关联度计算,将各并行道路按照关联度大小进行排序,选出合适的并行路线。

2.3.3 京台高速公路局域级路网模型构建

将京台高速公路泰安至曲阜路段看作主线高速公路,以主线高速公路为核心选取相邻高速公路围成路网,将路网范围内的所有高速公路、与主线高速公路相交的道路、主线高速公路并行线均纳入路网模型。京台高速公路泰安至曲阜路段形成的路网属于局域路网,适用于高速公路管理单位从路网层面对京台高速公路运行风险防控。根据道路技术等级划分的路网层次如图 2-2 所示。高速公路层包括京台高速公路、青兰高速公路、济广高速公路、济徐高速公路、日兰高速公路、新台高速公路、泰新高速公路和董梁高速公路,关联道路层包括 G104、G342、G327、S801。

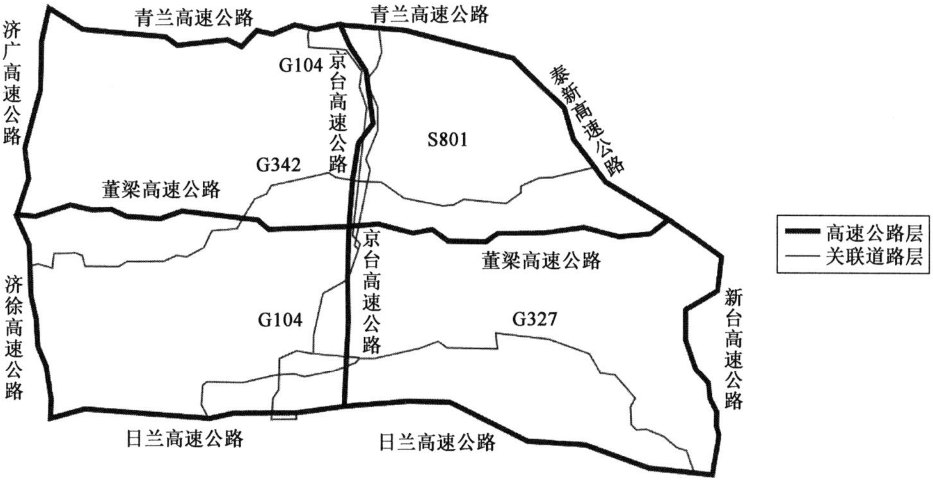

图 2-2　京台高速公路泰安至曲阜段路网层次划分图

2.4　高速公路网节点分级

路网的通达性取决于路网节点。路网节点为两条及两条以上道路的交叉点，通常为互通式立交、平面交叉路口，也可能为收费站，能够进行不同道路之间的路径转换。根据节点在路网中的位置及连接道路等级的不同，其功能也不同。为了对高速公路网进行有效风险防控，按照路网中连接道路的等级，将高速公路网节点划分为一级节点、二级节点、三级节点共 3 个等级，如图 2-3 所示。

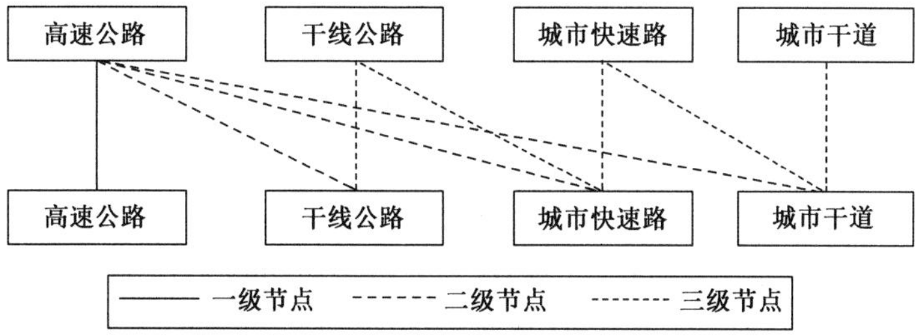

图 2-3　高速公路网节点分级

一级节点为高速公路层道路相交形成的交叉点，即高速公路枢纽互通节点。一级节点可实现高速公路层内部的交通转换，连通区域内无非机动车和行人的干扰，行驶速度快；区域内不需要停车，车辆运行连续，道路通行能力强，服务水平高。一级节点对路网运行风险防控具有非常重要的作用，具有速度快与交通流连续的特点，使一级节点成为路网中风险传播与防控最敏感的点，且一级节点不具备强制风险防控的条件，通常采用诱导性的措施。

二级节点为高速公路层与关联道路层相交形成的交叉点，即高速公路出入口。二级节点可实现高速公路层与关联道路层间的交通转换,连通区域内速度相对较快,但是在节点处车流因收费影响造成交通流的不连续,承担的交通量虽然小于一级节点,但是在整个路网中依然具有重要的作用,集中体现在二级节点具备强制风险防控的条件,通常是采取强制防控措施的实施节点。

三级节点为关联道路层道路相交形成的交叉点,包括干线公路、城市快速路或城市干道之间相交形成的交叉点。三级节点可实现服务于高速公路交通转换的关联道路层内部交通转换。三级节点的相交道路交通组成复杂,非机动车与行人干扰严重,交通流不连续,通行能力弱,服务水平低,主要服务于集散交通。

按照高速公路网节点的分级方法,京台高速公路泰安至曲阜段路网节点分级如图 2-4 所示。其中,一级节点包括泰山枢纽互通、孔村枢纽互通、东平湖枢纽互通、济宁枢纽互通、曲阜枢纽互通、平邑枢纽互通、新泰枢纽互通、新汶枢纽互通、徂徕北枢纽互通、磁窑枢纽互通,二级节点包括岱岳互通、泰安南互通、满庄互通、宁阳东互通、曲阜北互通、曲阜互通、汶上西互通、宁阳互通、兖州互通、曲阜南互通、平邑东互通,三级节点包括 G342 与 G104 立体交叉、G342 与 S801 平面交叉、G104 与 S801 平面交叉、G104 与 G327 平面交叉等。

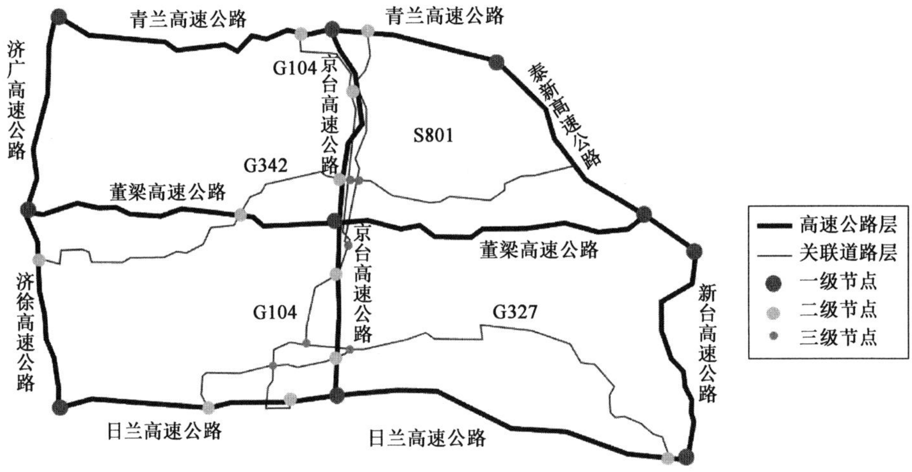

图 2-4　京台高速公路泰安至曲阜段路网层次划分图

2.5 高速公路网拓扑结构构建

高速公路网由管理单元通过一定的拓扑关系构成,具有明显的网络特性。为把握高速公路网的拓扑结构特征,可建立路网拓扑结构模型,利用图论对路网进行抽象表达。高速公路网的拓扑结构模型见式(2-8)。

$$G = (V, R) \tag{2-8}$$

式中:G——路网模型集合;

V——路网节点集合，$V=\{v_1^l,v_2^l,\cdots,v_n^l\}$，$v_i^l$ 为路网中第 i 个节点（$1\leqslant i\leqslant n$），节点等级为 l（$l\in\{1,2,3\}$）一级节点 e 取 1，二级节点 e 取 2，三级节点 e 取 3；

R——路网路段集合，$R=\{r_{12},r_{13},\cdots,r_{xy}\}$，$r_{ij}$ 为路网中直接连接节点v_i^l和v_j^l（$i\neq j$）的路段，$r_{ij}=\{r_{ij}^1,\cdots,r_{ij}^d\}$；

r_{ij}^d——路段 r_{ij}的第 l 条车道，$d=1$ 为最内侧车道。

图论常见构建方法有原始图、对偶图两种。原始图构建法是将互通式立交、端点抽象为网络节点，将连接节点之间的路段抽象为网络边，完成对现实路网的直接抽象表达。对偶图构建法是将道路抽象为网络节点，将道路间的连通关系抽象为网络边，完成对现实路网的间接抽象表达。图 2-5 分别采用原始图、对偶图对现实道路进行路网拓扑结构模型构建。其中，图 2-5a）为现实道路网络示意图，包含 8 条道路；图 2-5b）为基于原始图构建路网的示意图，网络节点为以数字编码的互通式立交、端点，边为节点间的路段；图 2-5c）为基于对偶图构建路网的示意图，网络节点为道路，边为道路间的连通关系。

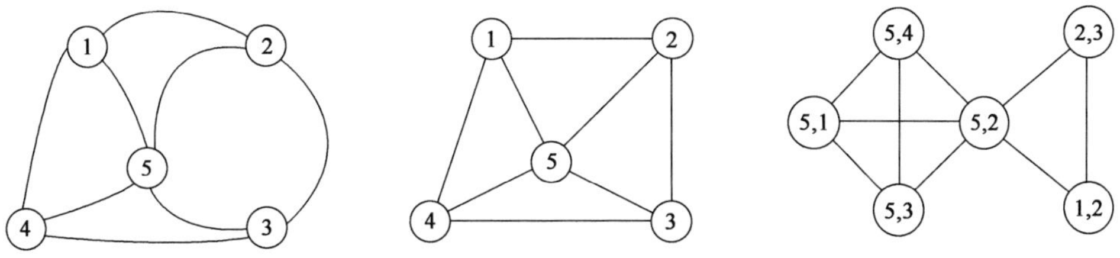

a)现实道路网络　　b)基于原始图构建路网模型　　c)基于对偶图构建路网模型

图 2-5　路网拓扑结构模型构建

以京台高速公路泰安至曲阜段局域路网为例，按最内侧车道由泰安向曲阜方向行驶的拓扑结构如图 2-6 所示。

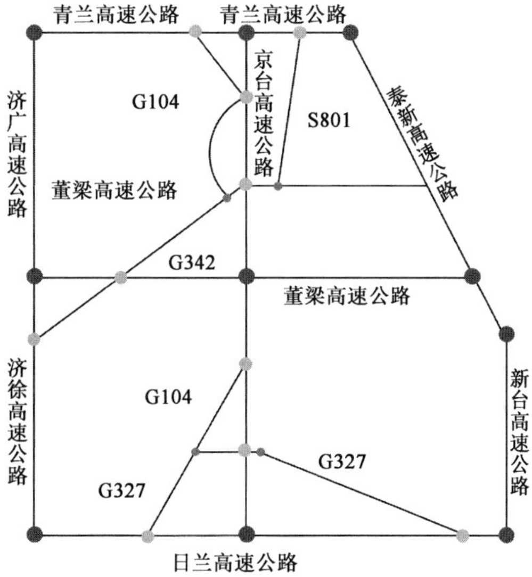

图 2-6　京台高速公路泰安至曲阜段局域路网拓扑结构图

（最内侧车道由泰安向曲阜方向行驶）

2.6 本章小结

本章简要介绍了山东省高速公路网概况,针对现代高速公路网高密度特征,提出两种高速公路网层次划分方法:一种是根据路网覆盖的地理区域范围划分为国家级、省际级和局域级,另一种是根据路网内道路技术等级划分为高速公路层和关联道路层;综合考虑高速公路网的可知性、连通性、可控性、可替代性和关联性,提出了高速公路网确定的基本原则,基于 Topsis 算法提出了高速公路网模型构建方法;为对高速公路网进行有效风险防控,按照路网中连接道路的等级对路网节点进行 3 级划分;基于图论的方法提取高速公路网结构特征,提出高速公路网拓扑模型构建方法。

第3章

高速公路交通运行路权

高速公路车道功能划分与路权分配不是一成不变的，随着交通量与交通组成的变化，可以进行适时的调整。车道功能划分及路权分配与多车道高速公路运行安全息息相关。本章主要对多车道高速公路专用车道的划分、出入口路段路权划分、标志标线的设置进行介绍。

3.1 车道划分与路权

3.1.1 路权

路权即交通参与者的权利，是交通参与者根据交通法规的规定，在一定空间和时间内在道路上进行道路交通活动的权利。美国的路权表述为在通行中或者在平面交叉口处的优先权，车辆必须避让有优先权的其他通行车辆。

城市道路的路权分配在平面交叉口处最为凸显，由于车辆、非机动车与行人之间相互交织，必须采用优先路权或时间路权来解决交通冲突，保证所有道路使用者的权利。高速公路服务对象与交通组织的差异使得高速公路的路权分配与城市道路的差异明显。高速公路为专供汽车分方向、分车道行驶、全部控制出入的多车道公路，高速公路汽车专用的属性说明其具有汽车专用路权。高速公路硬路肩仅为故障车辆紧急避险或紧急情况下作为应急车道使用，使得高速公路硬路肩具有应急路权。近年来，美国明尼苏达州Ⅰ-35W公路、弗吉尼亚州Ⅰ-66公路、英国M42高速公路、德国Hessen州和荷兰的实践结果均表明，通过部分时段开放使用硬路肩，可以减少拥堵、抵消交通事故的增加，因此，高速公路硬路肩开始逐渐具有时间专用和空间专用路权，并在全世界广泛推广应用。为提高高速公路的通行效率，减少不同车型、不同行驶目的的车辆之间的相互干扰，高速公路行车道的路权划分的方式越来越多，按路权类别分为专用路权和共享路权。共享路权是双向四车道高速公路的统一交通组织方式，各类机动车均可共享车道，双向六车道及以上高速公路上的客货车道也属于共享路权。专用路权表现形式为专用车道,常采用的专用车道包括小客车专用车道、客车专用车道、货车专用车道、多乘员专用车道(HOV 车道)、自动驾驶车辆专用车道、电子不停车收费(Electronic Toll Collection,ETC)专用车道、爬坡车道、紧急避险车道、集散车道、辅助车道。

小客车专用车道、客车专用车道、货车专用车道、客货车道常用于双向六车道及以上高速公路的路权划分。公路运载工具呈现多极化的发展,小型车向智能化、高速化和电动化方向发展,货车往重型化和高端化方向发展,两种运载工具发展方向的不同导致车辆动力性能与行驶特性方面的差异越来越大,客货车辆与小客车的相互干扰会显著降低多车道高速公路的通行能力,甚至会造成高速公路局部路段的交通拥堵,对小客车与其他车辆的行车安全构成严重威胁。因此,在高速公路车道数较多的客观条件下,为了解决客货混行带来的交通安全问题,我国多车道高速公路均采取客货分离的车道组织形式,双向六车道与双向八车道的路权划分如图 3-1 所示。不同类型车道的数量决定了路权的大小,而专用车道的数量由不同类型车辆的交通量决定,因此,多车道高速公路的路权分配与交通量参数息息相关。

图 3-1 双向六车道与双向八车道路权划分

多乘员专用车道(HOV 车道,图 3-2)是仅供乘坐至少某一规定乘客数的车辆通行的车道,是美国、加拿大等国家为提高道路使用效率、缓解交通拥堵而提出的路权划分方式。HOV 车道多为部分时段具有通行权利的专用车道。加利福尼亚州交通局在第 15 号州际高速公路上采用高承载率收费技术(High-Occupancy Tolling,HOT)对 HOV 车道进行管理,使得付费车辆也可以具有 HOV 车道的路权。当前,国内已有深圳、无锡、大连、成都等部分城市启用 HOV 车道。2018 年,成都将科华南路(绕城高速公路至三环桂溪立交内侧桂溪西街人行天桥,不含科华南路隧道地面道路)由南向北方向左侧第一条车道,天府大道南一、二段(兴隆湖立交至牧华立交)由南向北方向主道左侧第一条车道,共两条车道设置为 HOV 车道,工作日每天早高峰 7:30—9:00、晚高峰 17:00—19:00,禁止多乘员车辆以外的机动车在 HOV 车道内通行。2021 年,福建福州浦上大桥西桥头到浦上大道金榕南路口全长约 6km HOV 车道上线,每日 7:00—9:00 和 17:00—19:00,HOV 车道只允许公交车、校车、大型客车,核定载客人数为 5 人及以上且车辆乘员为 2 人及以上的载客汽车通行。2016 年,深圳首条 HOV 车道正式启用,目前,滨海大道、滨河大道,梅观高速北往南方向华为出口至梅东二路段,坂银大道南往北方向北环大道至环城南路段、坂银大道北往南方向环城南路至北环大道段等多条道路,均设置了 HOV 车道。

a)弗吉尼亚州驶离华盛顿特区HOV车道　　b)成都HOV车道

图 3-2　HOV 车道

随着自动驾驶行业逐步进入商业化落地的“快车道”，国内外自动驾驶专用车道逐步落地实施，已经由局部路段级逐步向全线级发展。2022 年 7 月 18 日，上海首条自动驾驶测试专用车道设置在东海大桥双向最外侧三号车道。该专用车道服务于智能重型货车，是首条为自动驾驶开辟的专用车道，如图 3-3a）所示。美国密歇根州政府打造自动驾驶汽车专用车道，全长 60km，支持 L4 级自动驾驶车辆以及智能道路基础设施测试、验证和应用，在高速公路段加设了物理屏障区隔其他普通车道，安装更易识别的车道线和数字化的交通标识与数字基础设施，如图 3-3b）所示。杭绍甬智慧高速公路总长 174km，其中一号车道设置为自动驾驶专用车道，近期目标是支持自动驾驶专用车道货车编队行驶，远期支持全线自动驾驶车辆自由行驶。京台高速公路泰安至枣庄段改扩建项目满庄收费站至贤村水库特大桥单侧 20km 开放式车路协同试验段，是目前全国里程最长的开放式车路协同试验路段，通过沿途安装的毫米波雷达、高清摄像机、激光雷达、路侧通信单元等路侧感知、通信设备，能够将道路交通信息反馈到车载终端中，同时将车辆信息反馈给路侧系统，通过交互实现辅助驾驶行为。目前京台改扩建智慧高速公路已完成车路协同条件下的单车自动驾驶及重载车队编队行驶的实车测试。

a)上海市自动驾驶车道　　b)密歇根州智慧走廊自动驾驶专用车道概念模型

图 3-3　自动驾驶专用车道

ETC 专用车道、爬坡车道、紧急避险车道、集散车道、辅助车道是为了提高服务水平或克服道路线形的缺点而设置的专用车道，历史悠久且使用广泛，在此不一一赘述。

除了路段上路权的划分，作为高速公路上交通冲突最集中的互通式立交，路权的划分方式也越来越多。一是由于路网密度的增大，高速公路上互通式立交与互通式立交的间距越来越小，出现了复合式互通式立交；二是随着车道数的增加，多车道互通式立交出口的路权划分方式越来越多样。客货分离、专用车道的设置通常采用实线进行分隔,在出口处需要向内侧车道车辆提供可变道路段,一般采用在出口减速车道前一定距离内将实线设置为虚线或虚实线。同时,为了避免车辆在接近出口处突然换道驶出,部分高速公路目前采用在出口减速车道路段,将最外侧车道与相邻内侧车道间的标线设置为白色单实线,禁止车辆变道驶出高速公路。部分多车道高速公路也存在将出口减速车道路段内侧部分或全部车道之间设置为实线,禁止变道的情况。入口路段同样在加速车道路段将标线设置为实线禁止车辆变道,如图3-4所示。

图3-4　出入口的车辆转向行驶路权

3.1.2　标志标线对路权信息的表达

路权的划分需要清楚明确地表达出来,使各种冲突能够在空间上隔离,保证各方的安全。路权主要通过交通标志、交通标线、交通信号灯、隔离设施等来清晰表达。

3.1.2.1　交通标志

高速公路是全部控制出入的汽车专用公路,而其专用性通过在高速公路入口设置禁令组合标志来表达。《中华人民共和国道路交通安全法》第六十七条规定:行人、非机动车、拖拉机、轮式专用机械车、铰接式客车、全挂拖斗车以及其他设计最高时速低于70km的机动车,不得进入高速公路。高速公路入口设置的禁令标志如图3-5所示。

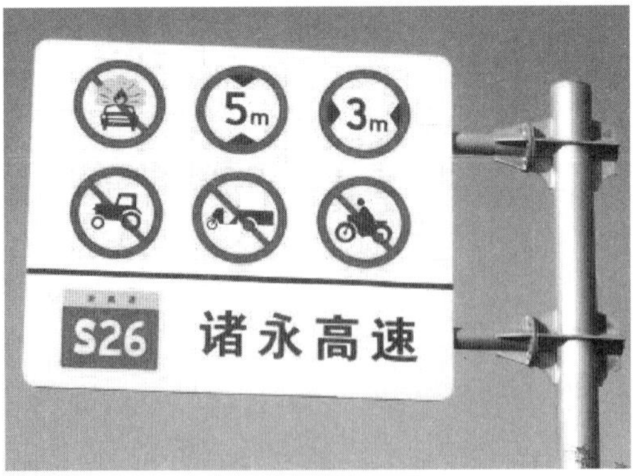

图3-5　高速公路入口设置的禁令标志

根据《中华人民共和国道路交通安全法实施条例》的规定，高速公路硬路肩宽度达到2.5m及以上时，硬路肩可以应急使用和紧急停车。虽然因为硬路肩功能不同，标志的版面会有所差异，但是支撑的方式高度统一，一般与车道指示标志合并通过门架设于硬路肩的正上方。按照标志的类型不同，包括可变信息标志和静态标志式两种，如图3-6所示。

图3-6　硬路肩路权的交通标志表达方式

由于硬路肩具有两种功能，因此标志设置时，其表达分为两种。早期高速公路采用告示标志进行解释，后期逐渐被指路标志取代，表明我国交通标志体系的日益规范，说法也由"应急通道"过渡至"应急车道"和"救援通道"，其中以应急车道的使用最为广泛（图3-7）。在体现应急功能的同时，对停车也进行了规定，组合设置了禁止驶入标志、禁止停车标志和禁止通行标志。禁止驶入标志和禁止通行标志的对象有所不同，鉴于高速公路服务于机动车，因此禁止驶入标志对硬路肩路权的解释更准确。应急车道允许发生常见故障的车辆在确保自身安全的前提下临时性停车并等待救援，因此，设置禁止停车的标志会对故障车辆是否能够临时性停车产生混淆。

图3-7　硬路肩路权的应急功能的标志表达

紧急停车使用的硬路肩的交通标志均为指路标志（图3-8），文字表述包含"紧急停车带""紧急停靠"两种方式。为了与现行的法规和技术标准保持一致，紧急停车带的表述更规范地表达了紧急停车的路权。与应急使用的标志相同，禁令标志中禁止驶入标志更准确。

图3-8　硬路肩路权的紧急停车功能的标志表达

随着高速公路信息化的不断发展,越来越多的高速公路通过设置可变信息标志来表达可满足临时停车需求的硬路肩。与静态标志相同,可变信息标志表达形式较多,但不利于路权信息的表达。

德国、英国、美国等对硬路肩开放通行的路权表达均通过可变信息标志来实现,并在路侧设置指路标志,表达硬路肩的可通行性。英国南安墩大学的一份报告(*Mami Jennifer Ogawa*,2017)提出了硬路肩开放时可变信息标志的变化情况,如图 3-9 所示。

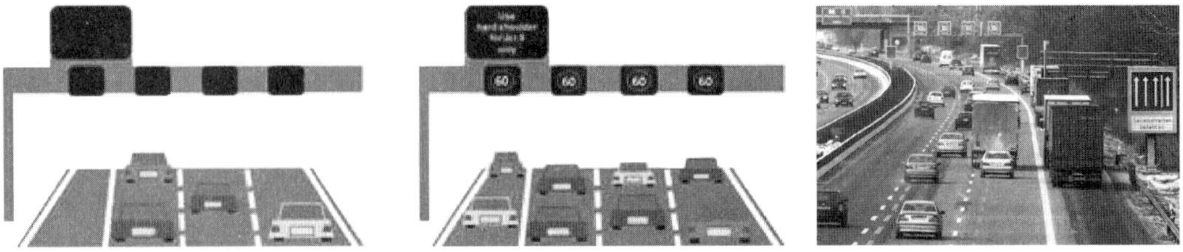

a)硬路肩未使用　　b)硬路肩开始使用　　c)德国Hessen州A5公路

图 3-9　国外硬路肩可通车路权的表达

小客车专用车道、客车专用车道、货车专用车道、客货车道的标志表达高度一致,支撑方式均为门架式,分为可变信息标志式和静态标志式。在车道路权划分的同时,因为不同车型的速度管理标准有差异,因此车道指示标志经常与限制速度标志组合设置。小客车专用车道通过“小客车”“小型客车”“小客车专用”“小客车道”4 种方式进行表达;客车专用车道通过“大小客车”“客车”2 种方式进行表达;货车专用车道通过“货车”“货车道”2 种方式进行表达;客货车辆道通过“大小型车”“客货车”“行车道”“客货车道”“大型车”5 种方式进行表达(图 3-10)。虽然每一种表达均能将具有通行权的车辆类型说明清楚,但是标志的连续一致性对于国家路网还是非常重要的,尤其是对于远途交通。

我国标准《道路交通标志与标线　第 2 部分:道路交通标志》(GB 5768.2—2022)中规定了多乘员专用车道(HOV 车道)标志的版面样式。该标志设在车道的起点及各平面交叉口的入口处,宜设置在车道的正上方,人数规定在标志右上角表示,有时段和车种规定时,应用辅助标志说明。美国《交通工程设施手册》(MUTCD)也对标志的版面和设置位置进行了规定,HOV 车道的指示方式可以选择 HOV 的缩写形式或者菱形符号,或者两种方式同时选用,车辆承载率要求(如每辆车 2 人或以上人数)用 2 + 的形式表示,在一天或一周内有运行时段限制的 HOV 专用车道标志文字将相应变化。多乘员专用车道标志如图 3-11 所示。

3.1.2.2　交通标线

无论硬路肩是否用于高峰时段车辆通行,硬路肩与行车道之间的交通标线不随之改变,仍然是车道边缘线。车道边缘线与车道分界线的宽度不同,从国外使用硬路肩通行的实例来看,并未对交通标线进行对应的调整,这可能会给机器视认并理解标线造成一定的困扰。同时,当硬路肩作为车道使用时,车道边缘线的内涵也发生了变化,对于路权的解释出现了矛盾。当作为车道使用时,在硬路肩通行的车辆是否可以与行车道的车辆换道行驶,也是车道边缘线需要增加的新语义,否则,驾驶员会对硬路肩通行权的理解产生歧义。

图 3-10 小客车专用车道、客车专用车道、货车专用车道、客货车道路权的标志表达

a)中国　　b)美国

图 3-11 多乘员专用车道标志

小客车专用车道、客车专用车道、货车专用车道、客货车道的车道分界线多为允许换道行驶的同向车道分界线。深圳水官高速公路设置了双黄线作为不允许换道的同向车道分界线，

将大型车与小型车分隔,同时与路面文字相结合,如图 3-12 所示。

图 3-12　高速公路客货分离标线设置

我国标准《道路交通标志和标线　第 3 部分:道路交通标线》(GB 5768.3—2009)规定,多乘员车辆专用车道线由白色虚线及白色文字组成,白色虚线的线段长度和间隔均为 400cm,线宽为 20cm 或 25cm,同时在地面标写文字“多乘员专用”。如该车道为分时专用车道,可在文字下加标专用的时间。美国《交通工程设施手册》(MUTCD)规定,多乘员专用车道标线必须包含白色的菱形符号或 HOV 文字信息,如图 3-13 所示。

a)国内　　　　b)国外

图 3-13　多乘员专用车道标线设置

随着车道数的增加,互通式立交出入口处的交通标线也根据车辆能否转向进行了路权的划分。采用双黄线进行客货分离的水官高速公路,在出入口路段设置虚实线为车辆提供可换道路段(图3-14)。

图3-14　出入口虚实线设置

3.1.3　物理隔离设施对路权信息的表达

随着高速公路横断面规模的不断扩大,越来越多的高速公路采用物理隔离的方式进行路权的划分,具体的形式包括增设复线、客货车辆上下分离、用分隔设施分隔等。

修建复线的高速公路常出现于路线走廊资源稀缺的山岭重丘区,受限于地形地质条件、线形条件、路网布局和社会经济效益等因素的影响,修建复线的山岭重丘区高速公路的规模越来越大,如成绵高速公路复线、贵遵高速公路复线等,如图3-15所示。因复线与原线路基之间的天然屏障,复线与原线可以根据车型进行路权的划分,但这种划分方式仅适用于复线与原线距离较近的情况;有时为了满足路网布局及周边地区经济发展的需求,复线与原线的距离较远,一般不针对车型对原线和复线进行路权的划分,原线和复线各自根据交通情况进行路权的划分。

图3-15　贵遵高速公路复线

客货车辆上下分离的形式主要用于城镇化地区的高速公路(图3-16)。为了分隔集散交通和过境交通,城镇化地区高速公路会采取上下分离的断面形式,可以是高架与地面式,也可以是地面与地下交通形式。采用该种交通组织方式,既有利于地面道路与周边地物进行连接,提高高速公路的可达性,也能更好地保障非地面交通的安全快速通行,保障高速公路的快捷性。国内采用该种形式进行组织的高速公路包括梅官高速公路、沈海高速公路泉厦段扩容工程等。虽然理论上采用该种形式也可以分车型进行路权的划分,但在实际应用中,采用该种断面进行路权划分的高速公路非常少。

a)高架与地面式　　b)地面与地下交通形式

图 3-16　上下分离形式

采用分隔设施进行物理分隔,常用的设施包括分隔带、分隔栏等。连霍高速公路郑洛段改扩建之后全线实行客货分行,在原有双向四车道高速公路的基础上,利用原有隔离带、分隔栏,使同向行驶的小型客车与货车隔离,如图 3-17 所示。

a)隔离带分离　　b)分隔栏分离

图 3-17　高速公路客货分行物理分隔

采用分隔设施进行路权信息表达的高速公路较少,更多的是采用划线分隔。相比划线分隔,物理分隔实施起来更复杂,面临的安全问题也更多,需要投入更多的诱导设施。物理分隔与划线分隔的适用性对比见表 3-1。

不同分隔方式适用性对比　　表 3-1

隔离方式	优点	缺点
物理分隔	(1)可以根据路面上承载车辆的类型来设计专用车道的路基路面等,合理地利用资源配置; (2)可以更好地提高经济效益,保障行车安全; (3)可以降低经济损失,带动沿线经济发展; (4)更方便于对道路交通的执法管控	(1)对道路设计者提出了更高的要求; (2)需要在不同功能的路幅上设置紧急停车带,增加土地占用面积和投资成本,形成双紧急停车带的横断面布置形式; (3)特别是高速公路出入口路段,需要设置专用车道的独立匝道,设计规划难度加大

续上表

隔离方式	优点	缺点
划线分隔	(1)改造成本低、实施难度小,可以根据交通量和车型的关系,灵活地进行车道功能划分,利用交通标线和交通标志将内侧一条或者两条车道隔开作为客车专用车道; (2)对于高速公路出入口路段,也不需要单独设置匝道,节省了土地资源; (3)现已成为国内绝大多数改扩建高速公路实施客货分行的首选方式	(1)严格意义上并没有实现完全的客货运输车辆分行,在高速公路出入口路段仍存在混行问题; (2)不同车道功能划分的高速公路出入口交通流对出入口设计指标要求不同,需要进一步研究满足内侧客车完成换道的道路设计指标; (3)并没有隔离物的阻拦,在发生交通冲突时客货运输车辆容易互相影响

3.2 专用车道设置技术

高速公路车道数的增加伴随着服务交通量的增长,横向空间的拓展为专用车道设置提供了客观条件。专用车道能够有效分离运行速度差异大的客货交通,提高高速公路车道利用率与交通安全水平,因此,研究多车道高速公路专用车道设置技术是非常必要的。

3.2.1 基于驾驶模拟的超级小客车专用道宽度

我国高速公路设计速度最高为120km/h,最早出现在1956年版的《公路工程设计标准(修订草案)》中。60多年来,汽车制造业与道路设计施工技术水平都获得了极大的提高,使得设计速度超过120km/h的高速公路成为可能。何永明首先提出了超级高速公路的概念,并对其进行了分级,见表3-2。

超级高速公路等级划分 表3-2

超级高速公路	超一级			超二级			超三级		
设计速度(km/h)	100	120	140	120	140	160	140	160	180

《小客车专用高速公路工程技术指南》(T/CHTS 10042—2021)将小客车专用高速公路的设计速度提高至140km/h。杭绍甬高速公路借鉴德国不限速高速公路和意大利最高限速150km/h的技术标准进行建设,是我国首条突破设计速度120km/h建设的超级高速公路。建设超级高速公路的经济成本是非常高昂的,杭绍甬高速公路的造价高达4亿元/km。但是,超级高速公路的建设为小客车专用车道速度提升提供了良好的借鉴意义,使得将小型客车限制速度提升至140km/h成为可能。

小客车速度提升至140km/h时的重要保障条件是将小客车与其他车型分开,设置小客车专用车道。即使在没有最高限制速度的德国部分高速公路上,仍然规定了大客车限速100km/h、货车限速80km/h。货车与小客车的速度差异非常大,在同一断面行驶时,若不设置小客车专用车道,受大客车与货车的运行干扰,小客车的速度会降低20%~30%,无法达到提速的目标。因此,在多车道高速公路上设置小客车专用车道是保障小客车运行速度达到140km/h的重要组织措施。

《公路工程技术标准》(JTG B01—2014)第4.0.2条规定,双向八车道及以上公路在内侧车道(内侧 1、2 车道)仅限小客车通行时,其车道宽度可采用 3.5m,但该规定适用的最高设计速度为 120km/h。美国高速公路设计速度最高 130km/h,车道宽度为 3.3~3.6m,在有持续的货运交通流时,车道宽度取高值。德国《高速公路设计规范》规定双向六车道和双向八车道的高速公路,最左侧的 2 条车道宽度可以缩减到 3.5m。根据各国车道宽度的设计标准,设置了 3.50m、3.60m 和 3.75m 共 3 种车道宽度,通过驾驶模拟仿真实验,确定适用于设计速度 140km/h 的小客车专用车道宽度。

3.2.1.1 试验方案

采用同济大学八自由度驾驶模拟器开展试验。试验场景设计为双向八车道高速公路,平面线形起点为 2km 直线,然后依次顺接 3 处平曲线,半径分别为 2500m、1250m、2500m,每个平曲线之间通过 500m 的直线相接。半径 2500m 的超高为 3%,半径 1250m 的超高为 6%。第 3 个圆曲线设置 1.5% 的纵坡,其他路段均为平坡。试验场景全长 11km。

将场景中内侧两车道施划为小客车专用车道,外侧两车道为客货混行车道。小客车专用道的宽度分别设计为 3.50m、3.60m 和 3.75m,客货混行车道宽度为 3.75m。横断面布置场景如图 3-18 所示。交通安全设施按照京台高速公路山东段的施工图进行布设,小客车专用车道的限制速度设为 140km/h,并在地面设置了小客车专用车道的地面文字标线。

a)3.50m

b)3.60m

c)3.75m

图 3-18 三种车道宽度试验场景

试验时,按照京台高速公路建成年的交通量设置模拟场景中的背景交通流,交通量为 48094pcu/d,货车比例为 38.6%,服务水平 2 级。18 位持有 C 类机动车驾驶证的驾驶员参与本次试验,年龄 22.0~30.0 岁,驾龄 0.5~6.0 年。每位驾驶员分别在三个场景下进行测试,被试车型均为小客车。

3.2.1.2 数据提取

被试小客车在实验场景初始路段均处于起动加速的状态,统计车辆的加速度数据可知,所有被试小客车均能在 K1+500 前达到限制速度要求,并处于平稳驾驶的状态,因此,将 K1+500~K2+000 段定义为直线路段,记为 LD1。

线形设计时,驾驶员在平曲线的转向盘转角应与平曲线曲率变化一致,起弯点、回正点应与平曲线的直缓点、缓直点重合。但由于人眼对曲率变化率的识别精度、驾驶习惯等会造成起弯点、回正点与平曲线曲率变化点的不一致,而起弯点、回正点反映了驾驶员主观上认为的平曲线的起终点,因此,分析时将起弯点与回正点之间的路段认为是平曲线路段。采用 coif 小波分析对试验采集的转向盘转角速率进行 5 层分解,以转向盘转角速率高频信号突变点确定驾驶员进行转向操作的起弯点和回正点位置,并以此为标准进行数据提取。图 3-19a) 和

图 3-19b)分别为原始信号 S 和高频信号 d_1，高频信号突变点即为转向操作的起弯点与回正点。按照该方法提取所有被试驾驶员的起弯点与回正点，并将三个平曲线路段驾驶员起弯点至回正点之间的路段依次记为 LD2、LD3、LD4。

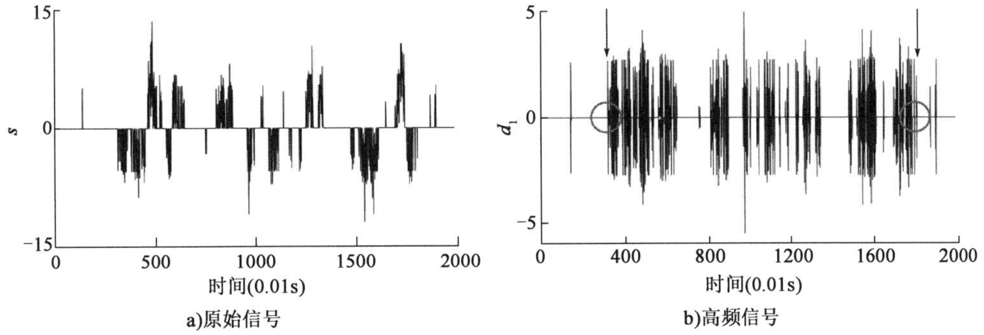

图 3-19 转向盘转角速率的小波分解

3.2.1.3 车道宽度对通行效率的影响分析

将车辆经过 LD1 ~ LD4 每个路段的所有被试驾驶员速度的平均值定义为平均通过速度，该值反映了车辆在不同路段的通行效率。四个路段不同车道宽度下的平均通过速度如图 3-20 所示。可以看出，在四个路段不同车道宽度下，车辆平均通过速度可以保持在 140km/h。

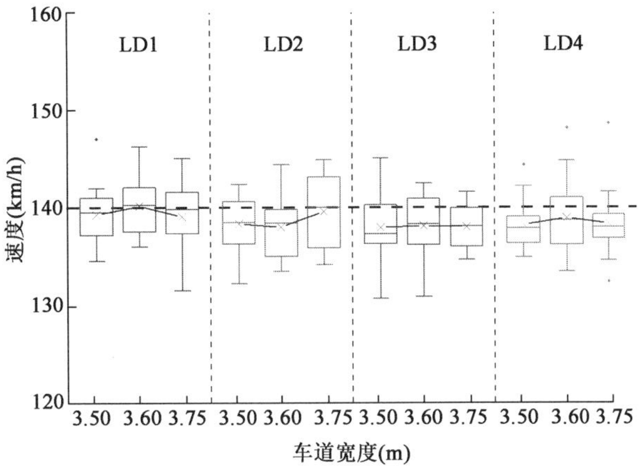

图 3-20 车辆平均通过速度箱形图

以平均通过速度表征车辆的通行效率，通过配对样本 T 检验，对比四个路段发现，在小客车专用车道上，半径不低于 1250m 的平曲线、纵坡不陡于 1.5% 的纵坡、车道宽度不低于 3.5m 的行车条件，小客车的通行效率均无显著性差异。

3.2.1.4 车道宽度对行驶安全性的影响分析

将四个路段划分为 100m 长的分析单元，计算所有被试驾驶员在每个路段单元的运行速度，并作箱形图，如图 3-21 所示。

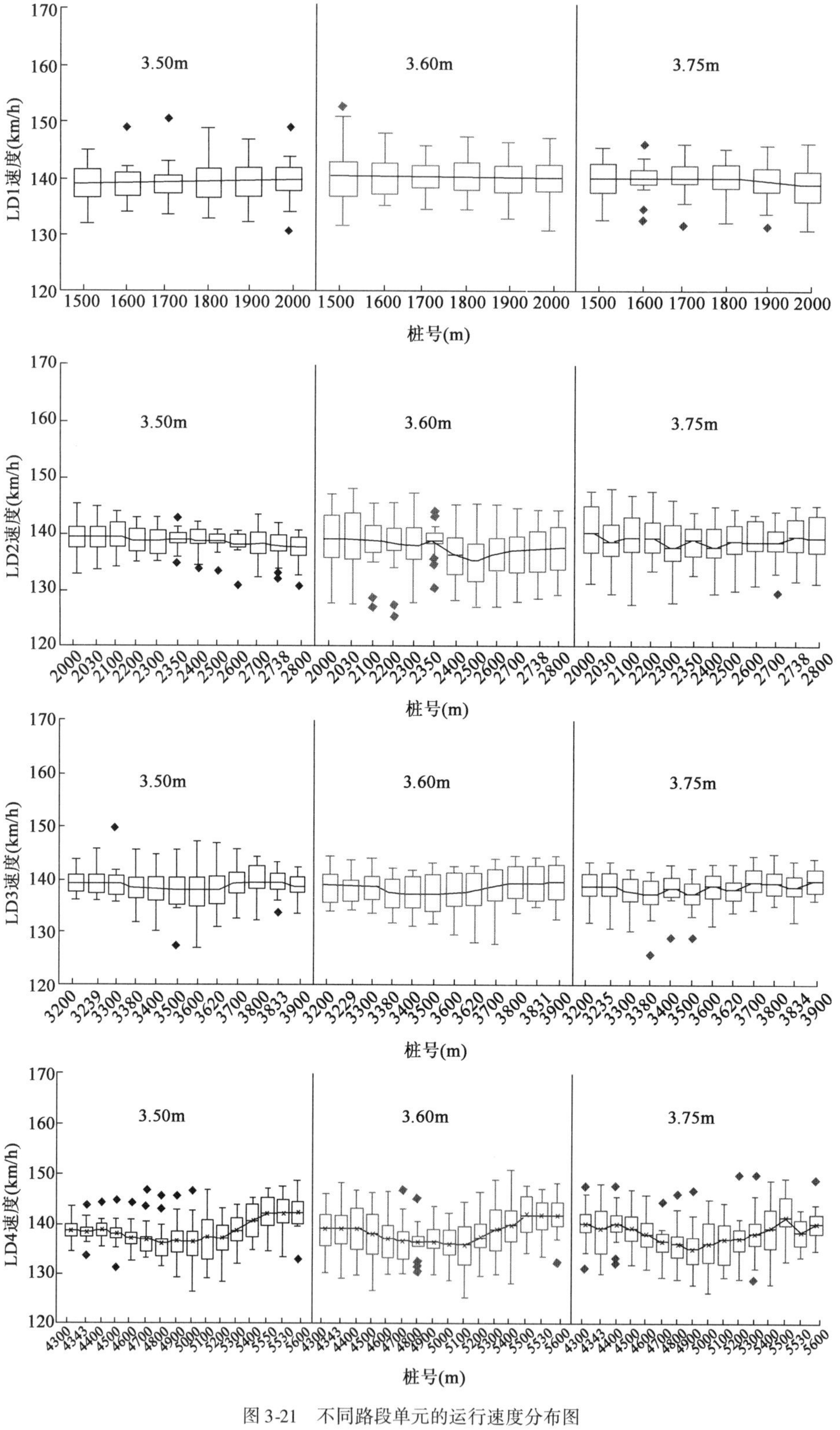

图 3-21　不同路段单元的运行速度分布图

对比相同平面线形条件下的断面速度可知，车道宽度越窄，驾驶员车速的离散度越小，说明车道变窄有利于驾驶员车速离散度减小，这能有效地减少车辆之间的换道行为，进而提高路段运行安全性，这可能与车道变窄条件下驾驶员比较谨慎有关。纵断面线形与平面线形的耦合作用对驾驶员产生的影响更显著。与平曲线路段变化规律相同，随着车道宽度的减小，平均速度会随之降低，且断面速度的离散度也越小。根据断面车速变化规律，平纵面线形的耦合作用对断面速度的影响最大，但不同断面的速度差值均在10km/h以内，说明线形条件对速度的影响不大。提高运行速度后，车辆进出圆曲线仍然符合入圆减速、出圆加速的规律。车道宽度对小客车专用车道的平均速度影响有限，但车道越宽，断面车速离散度越大。

3.2.1.5 车道宽度对车道保持能力的影响分析

驾驶模拟实验记录了车辆运行过程中的横向偏移值，左偏为正，右偏为负。分别计算了四个路段所有驾驶员每100m处车辆的横向偏移值。在直线路段，三种车道宽度下车辆基本都能保持在车道中心线附近行驶，横向偏移值波动幅度不大。平曲线路段中LD2为右转路段，LD3为左转路段，都能明显地看到车辆存在切弯行驶的行为。图3-22为LD2三种车道宽度下车辆横向偏移值。随着平曲线半径的增大，横向偏移值的极值变大。同一路段中，3.60m车道宽度下车辆横向偏移值的极值和离散度均略大于3.50m和3.75m车道宽度。三种车道宽度下车辆横向偏移值的变化趋势基本相同；在平曲线路段，三种车道宽度下，均出现较为明显的切弯行驶轨迹。通过配对样本T检验，每个路段内三种车道宽度下车辆横向偏移值并无显著差异。

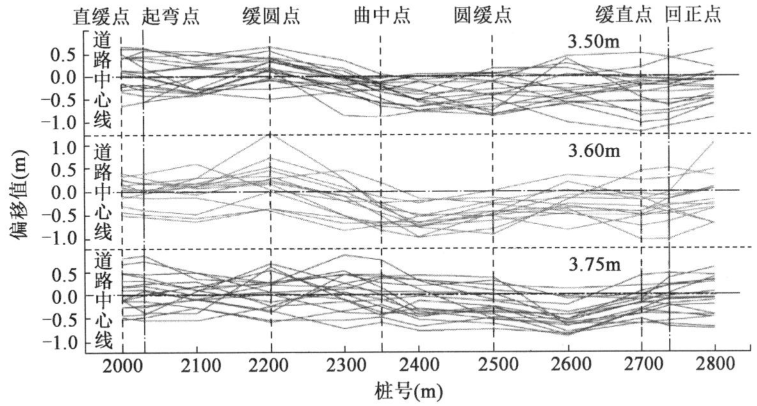

图3-22 LD2三种车道宽度下车辆横向偏移值

根据以上分析结果，双向八车道高速公路客车专用车道宽度采用3.50m、3.60m和3.75m，均能满足车辆运行速度维持在140km/h，通行效率与安全水平均无显著差异，因此，三种车道宽度均能满足客车专用车道的要求。从节约用地角度，推荐3.50m的车道宽度。

3.2.2 多车道高速公路车道功能划分

多车道高速公路车道划分受总车道数、交通量和交通组成的影响。目前我国多车道高速公路车道数集中为双向六车道至双向十二车道，因此，本书对双向六车道、双向八车道、双向十车道和双向十二车道高速公路的车道功能划分方案进行研究,并提出不同车道划分方案的适用性。

3.2.2.1 车道功能划分方案

1)基本路段车道功能划分

根据服务的车型不同,多车道高速公路上出现的车道可分为小客车专用车道、货车专用车道、客车专用车道和行车道四种情况。由于实际道路中大客车的比例较低,因此在设计车道功能划分时仅考虑小客车专用车道、货车专用车道和行车道三种功能的车道在不同车道数高速公路上的划分,以单向四车道高速公路为例,其车道功能划分方案见表3-3。

客货分离高速公路车道功能划分方案　　表3-3

序号	车道功能划分方案	车道1	车道2	车道3	车道4
1	C+3M	C	M	M	M
2	C+2M+T	C	M	M	T
3	C+M+2T	C	M	T	T
4	C+3T	C	T	T	T
5	2C+2M	C	C	M	M
6	2C+M+T	C	C	M	T
7	2C+2T	C	C	T	T
8	3C+M	C	C	C	M
9	3C+T	C	C	C	T

注:C-小客车专用车道;T-货车专用车道;M-行车道。

2)出入口路段车道功能划分方案

对于出入口路段,需要根据车辆换道长度需求设置可换道长度。国内相关研究提出了高速公路互通式立交出口识别时距计算模型,将出口路段车辆换道距离分为等待距离和变道距离。等待距离以可接受间隙理论为基础,采用移位三阶爱尔朗分布车头时距分布,计算平均等待时间,以及等待可插入间隙时车辆行驶距离 S_1,见式(3-1)。

$$S_1 = \frac{V}{3.6}t_w \tag{3-1}$$

式中:V——等待可插入间隙时运行速度;

t_w——等待可插入间隙时间。

换道距离采用匀速偏移余弦曲线模型进行计算,得到换道段车辆行驶距离 S_2 见式(3-2)。

$$S_2 = \max\left[\frac{V}{3.6}\sqrt{\frac{2\pi W}{(\mu - i_h)g}}, \frac{V}{3.6}\sqrt[3]{\frac{4\pi^2 W}{\beta_{max}}}\right] \tag{3-2}$$

式中:W——换道的横向宽度;

i_h——行车道横坡；

β_{max}——横向加速度变化率最大值。

在一次换道过程中，车辆总的行驶距离 S 见式(3-3)。

$$S = S_1 + S_2 \tag{3-3}$$

分车道管控措施下，最内侧小客车在出口分流区需要完成三次换道过程才能进入最外侧车道，顺利离开高速公路，这种情况为最不利情况。本书基于上述换道距离计算模型，分别对五种分车道管控措施下最内侧车道小客车最不利换道行为需要的换道距离进行计算。对于五种不同车道划分方案，在计算单次换道长度时，分别取车辆当前所在车道最高限速值进行计算，结果见表3-4。

不同分车道管控措施下换道长度(单位:m)　　表3-4

分车道管控措施	反应距离	车道1～车道2	车道2～车道3	车道3～车道4	确认距离	总换道长度
方案一(C+3M)	100	341	256	256	100	1053
方案二(2C+2M)	100	341	256	256	100	1053
方案三(2C+M+T)	100	341	256	184	100	984
方案四(2C+2T)	100	341	256	184	100	984
方案五(C+M+2T)	100	341	256	184	100	984

高速公路出口分流区因为承担车辆分流、驶离高速公路的功能，对于双向八车道高速公路，内侧小客车需要多次变道，导致分流区交通流相互干扰，造成交通紊乱，易引发交通事故，成为高速公路"瓶颈路段"。

在设置分车道管控措施后，出口分流区影响范围需重新确定。上游基本路段采用白色单实线对专用车道和混行车道进行分隔，同时需要在出口前为内侧小客车提供向外侧变道驶出高速公路的路段；该路段内标线设置为虚实线，即在小客车专用车道一侧增划虚线。上游基本路段因设置分车道管控措施，减少了车辆换道行为，从而将换道行为集中在了出口分流区前的可变道路段。以2C+2T车道管控措施为例，出口分流区标线设置示意图如图3-23所示。

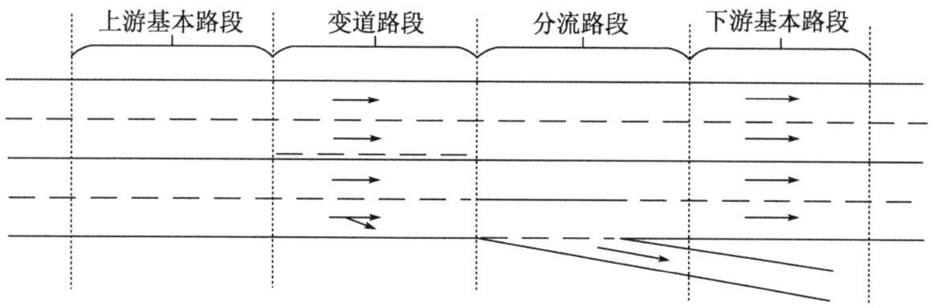

图3-23　分流影响区路段划分示意图

因此，在进行出口分流区路段运行状态评价时，首先确定评价范围，即出口分流区影响范围。在部分车道管控措施下，如2C+2M和2C+2T等，车道1行驶的小客车可能提前变道至车道2，以便于在到达虚实线路段后可以第一时间向外侧变道，因此将可变道路段虚实线起点向上游延伸 500m 范围的基本路段也包含在出口分流区研究范围内。根据 HCM2016 中的描述,分流影响范围至匝道分流鼻端下游 150m,分流路段为渐变段起点至分流鼻端下游 150m,同时向下游基本路段延伸 300m 范围的基本路段也包含进研究范围内。

3.2.2.2 车道功能划分方案的评价方法

车道功能划分方案受交通量和车型比例的影响,通过类似工程项目比对采取车道功能划分方案是理想的工程情况,但对于缺乏类似工程对比的项目,通过交通仿真实验选择适用的车道功能划分方案,也是可行的方法。

1)基本路段

本方法适用于多车道高速公路的主线路段。首先在选定的交通仿真软件中建立仿真模型,模型中应包含至少一个入口和一个出口,场景中的车道数和车道宽度按照实际工程项目进行设置。根据表 3-4 设定不同的车道功能划分方案,设定每条车道可通行的车型、相应的速度限值和不同车道间的交通标线。对于出入口路段,需要根据车辆换道长度需求设置可换道长度。

开始仿真实验前,需要在仿真模型的起点设置总交通量、货车比例、小客车比例以及分合流车辆比例。同时,应在仿真模型中设置数据采集点。为了避免起终点速度变化和出入口分合流路段速度不稳定对主线路段采集指标的影响,数据采集路段选定为仿真路段开始后 2km、入口后 2km、出口前 2km、终点前 2km 之间的主线路段,如图 3-24 所示。单车车速数据由设于路段中间的数据采集点进行采集,且每个车道设置一个。

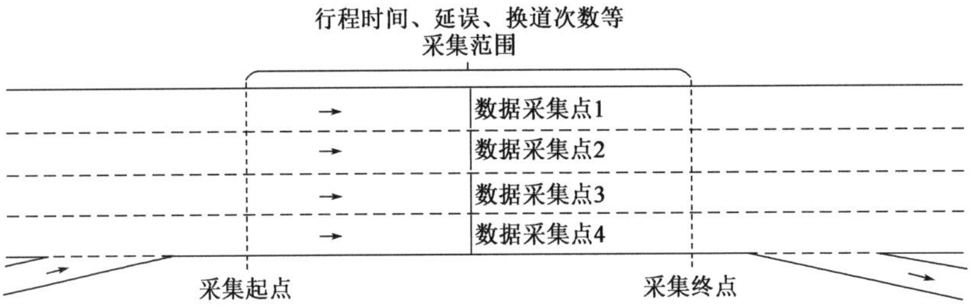

图 3-24　交通仿真实验数据采集示意图

交通仿真实验结束后,根据仿真软件的不同获取相应的数据文件,包括但不限于平均车速、延误、行程时间、换道次数等指标。

从通过性和安全性两个方面建立多车道高速公路车道功能划分方案的评价指标。其中,通过性评价指标包括平均车速和平均延误,安全性评价指标包括车速离散度和换道率。平均车速越高,多车道高速公路的通畅程度与通行效率越高,平均车速 $\overline{V}$ 的计算见式(3-4)。

$$\overline{V} = \frac{1}{n}\sum_{i=1}^{n} v_i = \frac{1}{n}\sum_{i=1}^{n}\frac{s}{t_i} \qquad (i = 1,2,\cdots,n) \tag{3-4}$$

式中:v_i——第 i 辆车的路段行程速度,km/h;

s——数据采集路段的长度,km;

t_i——第 i 辆车通过数据采集路段的行程时间,h。

平均延误是反映运行效率的常用指标，平均延误越低，高速公路的运行效率越高。车辆行程延误指车辆通过数据采集路段的实际行程时间与理想行程时间的差值，平均延误 $\bar{d}$ 的计算公式见式(3-5)。

$$\bar{d} = \frac{\sum_{j=1}^{m}\sum_{i=1}^{n_j}(t_{ji} - t_j)}{\sum_{j=1}^{m} n_j} \quad (i = 1,2,\cdots,n_j; j = 1,2,\cdots,m) \tag{3-5}$$

式中：n_j——第 j 种车型通过的总车辆数，辆；

t_j——第 j 种车型的通过数据采集路段的理想行程时间，s；

t_{ji}——第 i 辆 j 型车通过数据采集路段的实际行程时间，s。

车速离散系数越大，多车道高速公路的交通流越不稳定。车速离散系数 CV 计算公式见式(3-6)。

$$\mathrm{CV} = \frac{\sigma}{\bar{v}} = \frac{\sqrt{\frac{1}{n}\sum_{i=1}^{n}(v_i - \bar{v})^2}}{\bar{v}} \quad (i = 1,2,\cdots,n) \tag{3-6}$$

式中：σ——车速标准差；

v_i——第 i 辆车的行程车速，km/h。

实施客货分行避免了客、货车之间的相互干扰，减少了超车换道需求，降低了因频繁换道超车发生的事故率。换道率的计算公式见式(3-7)。

$$\bar{c} = \frac{1}{n}\sum_{i=1}^{n} c_i \quad (i = 1,2,\cdots,n) \tag{3-7}$$

式中：c_i——第 i 辆车的换道次数。

2)出入口路段

在出入口分合流影响区内，车辆存在较多换道行为，会存在较多跟驰冲突与换道冲突，因此，增加交通冲突次数作为安全性指标进行分析。依据车辆冲突角度将交通冲突划分为追尾冲突、侧撞冲突和正向冲突，见图3-25。高速公路通常只存在追尾冲突和侧撞冲突两类冲突，故选取追尾冲突和侧撞冲突两类交通冲突次数进行分析。

因此，出入口分合流区车道功能划分方案评价主要选取了平均车速、平均延误、换道率、车速离散系数和交通冲突数五项指标进行通行性和安全性评价。

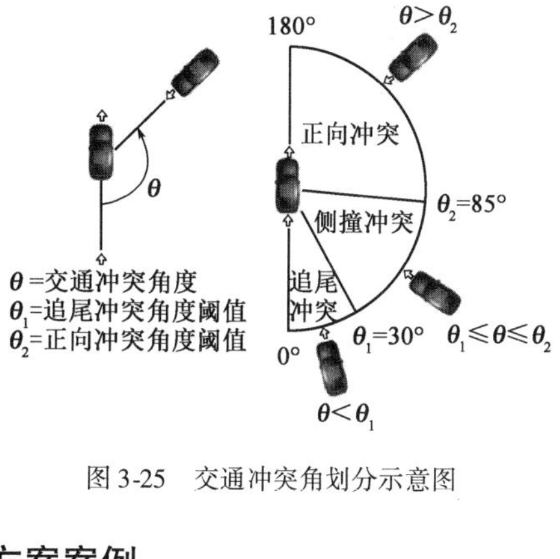

图3-25　交通冲突角划分示意图

3.2.2.3　双向八车道高速公路车道功能划分方案案例

1)基本路段车道功能划分实例

为了对上一节的方法进行应用，本节对双向八车道的车道功能划分方案通过 VISSIM 交通仿真实验进行论证,确定不同车道功能划分方案的适用性。

仿真实验路段长10km,设计速度120km/h,车道宽度3.75m。根据表3-3选择了5种车道功能划分方案,分别为方案一(C+3M)、方案二(2C+2M)、方案三(2C+M+T)、方案四(2C+2T)、方案五(C+M+2T)。根据方案的不同,设定允许通行的车辆类型。

根据《公路工程技术标准》(JTG B01—2014)规定的设计速度120km/h时不同服务水平对应的最大服务交通量,将最大交通量设为9000pcu/h,达到了五级服务水平;最小交通量设为2000pcu/h,处于一级服务水平;交通量的步长为1000pcu/h。货车占总交通量比例设为20%~80%。交通流参数设置见表3-5。交通量车道分布均匀,小客车的期望车速为80~120km/h,货车的期望车速为60~100km/h。

交通流参数设置一览表 表3-5

流量(pcu/h)	车型	货车占总交通量比例(%)						
		20	30	40	50	60	70	80
2000	小客车	1600	1400	1200	1000	800	600	400
	货车	400	600	800	1000	1200	1400	1600
3000	小客车	2400	2100	1800	1500	1200	900	600
	货车	600	900	1200	1500	1800	2100	2400
4000	小客车	3200	2800	2400	2000	1600	1200	800
	货车	800	1200	1600	2000	2400	2800	3200
5000	小客车	4000	3500	3000	2500	2000	1500	1000
	货车	1000	1500	2000	2500	3000	3500	4000
6000	小客车	4800	4200	3600	3000	2400	1800	1200
	货车	1200	1800	2400	3000	3600	4200	4800
7000	小客车	5600	4900	4200	3500	2800	2100	1400
	货车	1400	2100	2800	3500	4200	4900	5600
8000	小客车	6400	5600	4800	4000	3200	2400	1600
	货车	1600	2400	3200	4000	4800	5600	6400
9000	小客车	7200	6300	5400	4500	3600	2700	1800
	货车	1800	2700	3600	4500	5400	6300	7200

在仿真路段中设置好数据采集点。设定的仿真周期均为4200s,由于前期仿真不稳定,仿真数据将从600s开始收集,则周期为3600s,即1h。平均车速、延误时间以及行程时间从路网评价文件NPE中获得,换道次数等车辆的换道信息通过输出的SPW文件中获得,车速离散系数通过软件输出的MER文件进行整理计算得出。将仿真原始数据按照不同交通量以及交通组成整理汇总,以交通量为2000pch/h、货车比例为20%时为例,整理结果见表3-6。

原始数据统计表 表 3-6

方案	平均车速(km/h)	平均延误(s)	换道率(%)	车速离散系数
方案一(C+3M)	84.439	12.014	4.9075	0.036476036
方案二(2C+2M)	80.497	9.611	2.7405	0.028485285
方案三(2C+M+T)	80.236	10.988	2.0435	0.02574742
方案四(2C+2T)	82.085	23.881	2.395	0.03005141
方案五(C+M+2T)	82.235	23.167	2.8815	0.031378002

对表3-6中的原始数据进行一致化与标准化处理后得到新的数据矩阵,对标准化后的数据矩阵进行降维处理,得到总方差的解释表见表3-7,主成分载荷分布见表3-8。由主成分分析的原理可知,两个主成分的特征值分别为2.901和1.029,平均车速和平均延误成分累计占总方差的98.243%,因此说明这两个主成分可以很好地反映大部分信息。

总方差解释表 表 3-7

成分	总计	初始特征值方差百分比	累积(%)
1	2.901	72.521	72.521
2	1.029	25.722	98.243
3	0.068	1.688	99.931
4	0.003	0.069	100.000

主成分载荷分布 表 3-8

评价指标	成分	
	1	2
平均车速	-0.977	-0.051
平均延误	0.301	0.952
换道率	0.928	-0.347
车速离散系数	0.997	-0.014

基于标准化后的数据,结合主成分载荷分布进行计算,得到交通量为2000pcu/h、货车比例为20%的交通状况下,各方案的主成分得分及归一化后分数,见表3-9。由表可知,方案三的得分最高,因此交通量为2000pcu/h、货车占比为20%时,方案三的车道功能划分方案最佳。

各方案的主成分得分 表 3-9

车道划分方案	F1	F2	综合	归一化
方案一(C+3M)	-1.57851	0.475706	-0.99597	0
方案二(2C+2M)	0.306937	1.143999	0.544313	0.785352
方案三(2C+M+T)	1.155582	0.484575	0.965296	1
方案四(2C+2T)	0.259739	-1.14489	-0.13859	0.437158
方案五(C+M+2T)	-0.14375	-0.95939	-0.37505	0.316593

采用同样的分析步骤对其余交通量以及货车占比的交通状况进行数据处理,汇总得到各交通量下不同货车比例时各方案的得分,双向八车道客货分行高速公路的车道功能划分方案

适应性见表3-10。

车道功能划分方案适应性 表3-10

交通量(pcu/h)	货车占总交通量比例(%)						
	20	30	40	50	60	70	80
2000	方案三	方案三	方案三	方案一	方案五	方案五	方案五
3000	方案三	方案三	方案三	方案三	方案五	方案五	方案五
4000	方案三	方案四	方案三	方案三	方案五	方案五	方案五
5000	方案三	方案三	方案三	方案二	方案五	方案五	方案五
6000	方案四	方案四	方案三	方案三	方案四	方案四	方案四
7000	方案四	方案四	方案三	方案一	方案三	方案四	方案四
8000	方案四	方案四	方案三	方案三	方案三	方案四	方案四
9000	方案四	方案四	方案三	方案三	方案三	方案四	方案四

从结果中可以看出,交通量小于5000pcu/h且货车比例大于50%时,方案五(C+M+2T)更为合适,在此种情况下,设置两条货车专用车道,减小其他车型对货车通行的影响。交通量大于5000pcu/h时,货车比例小于40%和大于60%时,方案四(2C+2T)更为合适,此种情况下,交通量较大,将客车与货车完全分隔开,互不影响,尽量保障道路交通良好运行。货车比例在30%~60%之间时,方案三(2C+M+T)更合适,客货车比例相差不大时,可以通过在客车专用车道和货车专用车道之间设置一条混行车道,以适应交通组成。而方案一(C+3M)和方案二(2C+2M)都适合在货车比例为50%的情况下进行设置,两条混行车道可以适应实时交通流组成,最大程度利用道路资源。

2)出入口路段车道功能划分实例

依托山东省京台高速公路改扩建项目,按照某出口分流区路段进行仿真场景设计,主线为单向四车道高速公路;单车道直接式出口匝道,渐变段长度采用标准值100m,减速车道采用标准值150m,分流路段总长度为250m。其余路段按照表3-4的计算结果进行取值。由于仿真开始时车流不稳定,因此在上游基本路段前,继续向上游延伸1km长度,以便于测量路段交通量达到稳定状态。

车型比例根据京台高速公路泰安至枣庄段工可报告的预测结果,车型比例为小客车:货车=6:4,在进行实验时分别设置车型比例为小客车:货车=7:3、小客车:货车=6:4、小客车:货车=5:5三种情况。

《公路工程技术标准》(JTG B01—2014)规定,高速公路设计服务水平不应低于三级,在设计速度为120km/h时三级服务水平下的设计通行能力为1650pcu/(h·ln)。匝道交通量按照分流比进行设置,分流比为0.12。

在每个路段的中点处四条车道上分别设置一个数据采集点,采集该断面的车辆平均运行速度;平均延误和交通冲突数采集路段为上游基本路段起点至下游基本路段终点。试验过程及数据采集与主线基本路段方法相同。交通冲突数据通过SSAM软件对车辆轨迹数据TRJ文件处理获取,距离碰撞时间TTC取值为1.5s,后侵入时间PET取5.0s,划分追尾冲突和侧撞冲突的冲突角采用软件默认值。

统计五种不同分车道管控措施下出口分流区路段整体交通运行数据,并绘制路段运行数据分布图,如图3-26所示。从整体来看,随着货车比例的增加,平均速度下降,平均延误和车速离散系数都明显增加,交通冲突数也增大,通行性和安全性方面都有所降低。

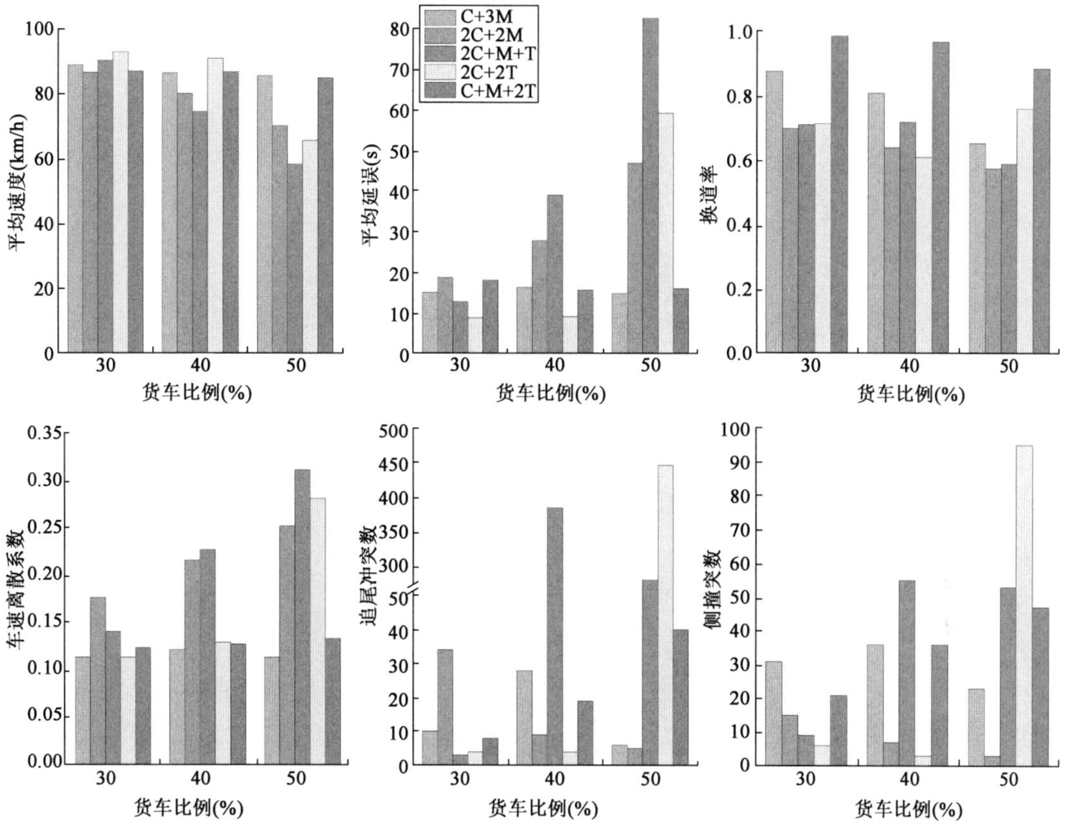

图3-26 出口分流区路段整体运行数据分布图

在货车比例为30%和40%的情况下,2C+2T管控措施下路段整体运行状态较其他措施更好,因为对小客车与货车进行了完全的分隔,减少相互之间的换道干扰,小客车专用车道和货车专用车道均达到一种较为稳定的运行状态。随着货车比例上升到50%,C+3M和C+M+2T两种措施下能提供给货车更多的行驶空间,平均速度较高、总体延误较低、车速离散系数也较小,同时2C+2T管控措施将客车专用车道与货车专用车道完全区分开,在外侧车道内货车数量较多的情况下,内侧小客车想要换道驶出高速公路时,可能需要在车道2上减速等待可插入间隙,导致第二条车道上车辆运行速度的降低,部分不需要驶离高速公路的小客车可能选择向内侧车道变道,以获得更高的速度,最终造成2C+2T管控措施下路段整体平均速度的降低,平均延误、换道率和交通冲突数的增加。而2C+2M和2C+M+T两种措施下都为小客车提供了更多的通行空间,因此在货车比例较小时也能有较好的表现,但是随着货车比例的增加,运行状态就会明显下降。

以最接近实际情况的40%货车比例情况为例,进行分路段分车道类型的具体数据分析,其余两种车型比例下分析方法相同。在选取的五项指标中,平均速度、车速离散系数、换道率和交通冲突数四项指标可以进行分车道分路段的数据对比,因此仅针对以上四项指标进行分析。

①平均速度。统计五种不同分车道管控措施下,各个路段以及各条车道内的平均运行速度,绘制平均运行车速分布图,如图3-27所示。

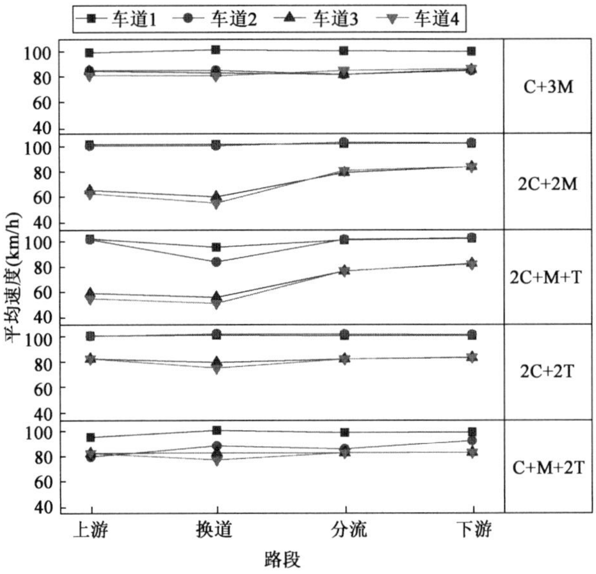

图3-27　不同分车道管控措施下平均速度分布图

对于2C+2M、2C+M+T、2C+2T三种车道管控措施下的车道1、车道2以及C+3M、C+M+2T两种措施下的车道1,作为客车专用车道,该车道内平均速度明显高于外侧车道,且平均速度均能维持在100km/h左右。

对于2C+2T、C+M+2T两种措施下的车道3、车道4,作为货车专用车道,其平均速度能够维持在80km/h左右,该措施下货车可选择的车道数较多,因此能够维持在较高的运行速度,在换道路段受到内侧车辆换道的影响,车速会略低于其余路段。而2C+M+T措施下的车道4车道同样是货车专用车道,在分流路段和下游基本路段内其平均速度略低于其余措施,但是在上游基本路段和换道路段却明显低于其他措施。由于该措施下只有一条货车专用车道,在40%的货车比例下,可能会造成货车排队和速度降低;同时内侧行驶小客车需要向外侧换道驶出,频繁换道也会导致外侧车道速度的降低,同时换道路段的车辆排队和速度降低向上游传播导致上游基本路段内的速度降低。

对于C+M+2T和C+3M措施下的混行车道,速度能维持在80km/h以上。2C+M+T措施下的车道3作为混行车道,与车道4货车专用车道的速度分布相似,而2C+2M措施下外侧的两条混行车道也与2C+M+T措施下的外侧两条车道的速度分布相似,与前文分析的原因相同,这两种措施下提供给货车专用的车道数较少,因此造成车道平均速度降低。

②车速离散系数。统计得到不同车道管控措施下各条车道在不同路段内的车速离散系数,绘制点线图如图3-28所示。可以看出,在不同措施下,混行车道和货车专用车道的车速离散系数均大于小客车专用车道。与平均速度分布图对应分析,可以看出,车速离散系数的变化情况与平均速度的变化趋势相反,在平均速度能够维持在较高水平且波动不明显的车道,车速离散系数较小,车速离散系数较大的车道和路段内,平均速度较低,其中的原因与前文对平均

速度变化的分析相同。

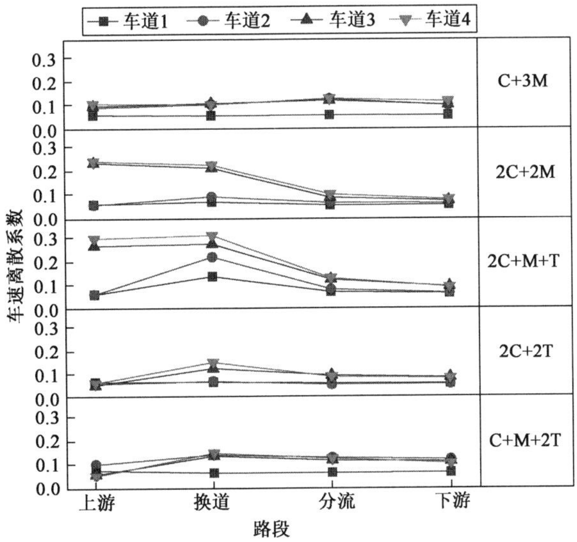

图 3-28 不同车道管控措施下车速离散系数分布图

③换道率。统计不同车道管控措施下不同路段内的车辆换道率,如图 3-29 所示。车辆换道行为主要分布在换道路段和分流路段。2C + 2T 措施下的换道率在五种措施下是最低的,说明该措施确实能够有效降低车辆的换道行为,减少不同车型之间的相互干扰。C + 3M 措施下的三条混行车道为车辆提供了可进行车道变换的条件,因此在四个路段内都有较高的换道率,尤其是在上游和下游基本路段内也有高于其他措施的换道率,虽然 C + 3M 措施下平均速度与 2C + 2T 措施下相差并不大,但是换道行为却明显高于 2C + 2T 措施,在安全性方面还是略逊一筹。C + M + 2T 措施下的换道率在五种措施下是最高的,但同时该措施下平均速度并没有明显降低,从通行性方面来看该措施表现较好,而安全性方面却低于其余措施。

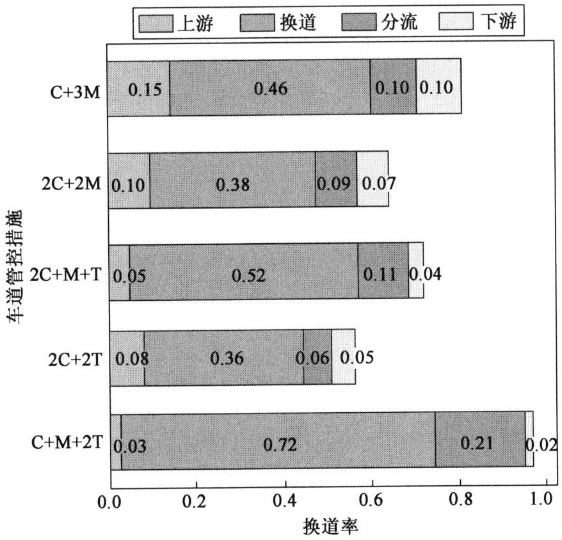

图 3-29 不同车道管控措施下换道率分布图

④交通冲突数。对 SSAM 处理后的交通冲突数据进行分析,提取出追尾冲突和换道冲突分布的路段,绘制不同管控措施下的交通冲突数量分布,如图 3-30 所示。追尾冲突和侧撞冲突主要分布在换道路段和分流路段。2C + 2T 措施下交通冲突数最少,都分布在换道路段;其次是 2C + 2M 措施,侧撞冲突主要分布在换道路段,追尾冲突主要分布在分流路段,与这两种措施下换道率也是最低的分布情况相一致。C + 3M 和 C + M + 2T 措施下的交通冲突数比前两个稍多,追尾冲突和侧撞冲突都主要分布在换道路段。只有 2C + M + T 措施下,在上游基本路段也出现了大量追尾冲突,且换道路段追尾和侧撞冲突都远高于其他措施,但该措施下的换道率却并没有明显高于其他措施。与前文分析的速度变化情况结合,该措施下可能在换道路段出现车辆减速排队等待,并向上游传播,在车辆减速的过程中可能导致出现大量的追尾冲突和侧撞冲突。

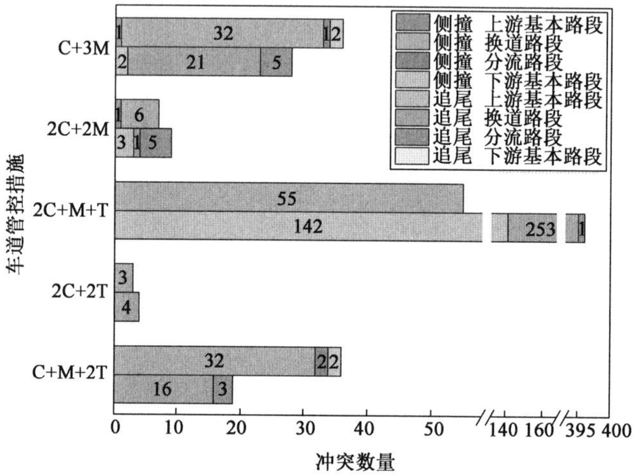

图 3-30 不同车道管控措施下交通冲突数量的分布

与基本路段相同,采用主成分分析法对通行性和安全性进行综合评价。以货车比例为 40% 为例,将各指标初始数据汇总,待评价样本个数为 $n = 5$,评价指标个数为 $m = 6$,见表 3-11。

初始数据 表 3-11

分车道管控措施	平均速度(km/h)	平均延误(s)	换道率	车速离散系数	追尾冲突数(次)	侧撞冲突数(次)
C + 3M	86.84	16.37	0.810	0.122	28	36
2C + 2M	80.45	27.86	0.641	0.217	9	7
2C + M + T	74.91	39.06	0.720	0.228	396	55
2C + 2T	91.31	9.09	0.612	0.130	4	3
C + M + 2T	87.2	15.72	0.968	0.128	19	36

在货车比例为 40% 的情况下,五种不同分车道管控措施的各主成分得分及综合得分计算结果见表 3-12。

不同分车道管控措施综合得分结果　　表 3-12

分车道管控措施	40%			30%	50%
	主成分 1	主成分 2	综合	综合	综合
C +3M	-0.864	0.792	-0.371	-0.044	-1.501
2C +2M	0.525	-1.535	-0.089	-0.293	-0.632
2C +M +T	3.193	0.289	2.328	1.603	1.339
2C +2T	-1.886	-1.093	-1.650	-1.564	1.726
C +M +2T	-0.968	1.547	-0.219	0.298	-0.931

从综合得分结果可以看出,2C +2T 管控措施下,综合得分最低,路段整体运行状态最好。其次为 C +3M 即现行管控措施和 C + M +2T 措施。用同样的方法计算货车比例为 30% 和 50% 的情况下的综合得分。在货车比例为 30% 的情况下,同样是 2C +2T 措施综合得分最低,即路段整体运行状态最好,其次为 2C +2M 措施。在货车比例为 50% 的情况下则是 C +3M 措施下综合得分最低,即现行措施下整体交通运行状态最好。

3.2.3　高速公路专用车道设置技术

专用车道在互通式立交的出入口处需要进行一定的变化,以满足车辆进出高速公路的需求。受专用车道之间交通标线施划方式的影响,对于虚线分隔的专用车道,在互通式立交处不需要进行组织措施的转变,但是若不同的专用车道之间通过实线进行分隔,则需要在高速公路出入口处改变组织方式。本书针对实线分隔的设有专用车道的高速公路出入口进行研究。

本节所写出入口设置技术为针对京台高速公路改扩建工程泰安至枣庄段进行的设计与应用,专用车道设置方案为内侧两车道设置为客车专用车道,外侧两车道为客货混行车道,基本路段内采用白色单实线对专用车道进行分隔,出入口路段设置虚实线为小客车提供可驶入、驶出高速公路的路段。

3.2.3.1　高速公路基本路段

1)基本路段专用车道标线设计

对于用交通标线分隔的多车道高速公路,基本路段禁止跨越时采用白色单实线分隔。车辆只能在内侧两车道或者外侧两车道之间进行换道操作,这就要求小客车驾驶员在进入专用车道之前便依据自身的驾驶习惯选择好专用车道或者混合车道。对于距离较远的两个互通式立交之间的基本路段,考虑到可能有车辆变换车道的需求,在两个互通式立交之间设置一段虚实线,即在专用车道一侧增设一段虚线,已经行驶在专用车道的车辆可依据自身需求选择是否进入一般车道,而一般车道的车辆不能随意进入专用车道。图 3-31 所示为车道划分标线施划方案。

2)专用车道文字标志

当确定车道的全部或部分时间通行特定的某类或多类车辆时,必须使用相应的专用车道文字和符号标线。所有专用车道文字和符号标线均必须为白色,且横向置于专用车道中央。

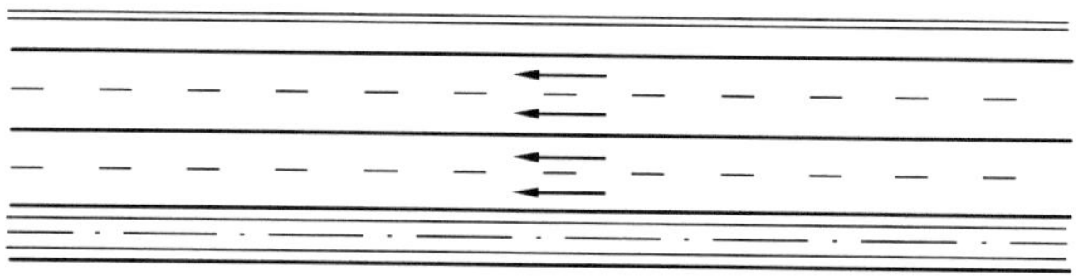

a)单实线

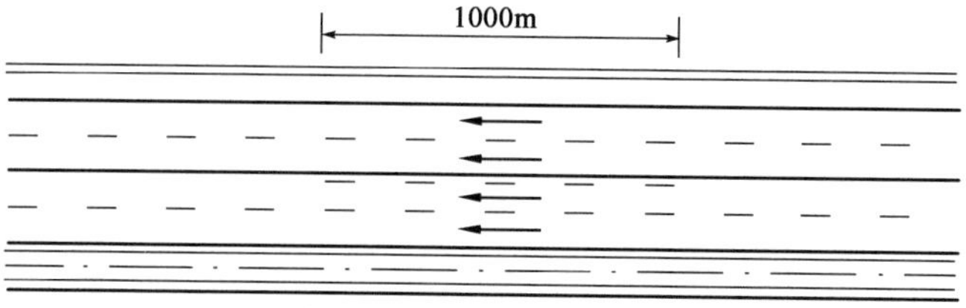

b)单实线(混行车道一侧)+单虚线

图 3-31　车道划分标线施划方案

(1)专用车道地面文字标志。基本路段内当专用车道与非专用车道相邻时,必须在专用车道标记一个或多个规定为专用车道使用的符号或路面文字(图 3-32)。

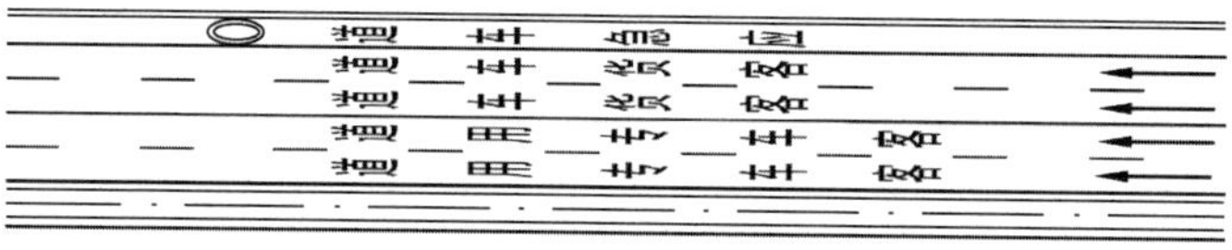

图 3-32　专用车道地面文字标志

(2)起点文字标志。在专用车道起点处设置起点文字标志,内容为“专用道起点”,开始于专用车道限制的起点,与专用车道标线起点设置于同一位置(图 3-33)。

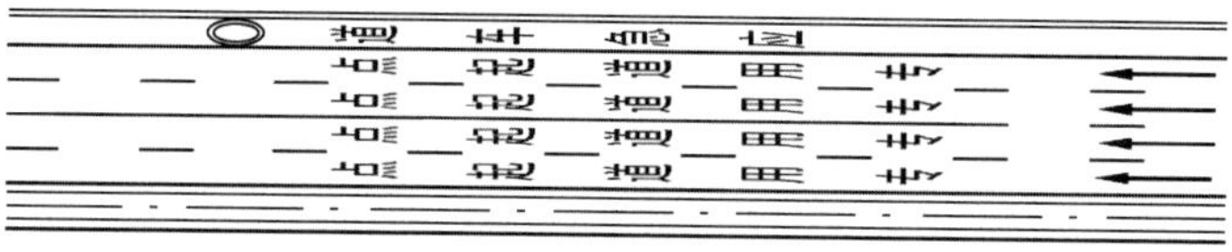

图 3-33　专用车道起点地面文字标志

(3)终点文字标志。在专用车道终点处设置终点文字标志,内容为“专用道终点”,结束于专用车道限制的终点,与专用车道标线终点设置于同一位置。所有与专用车道相关的纵向路面标线与路面文字和符号标线,必须结束于专用车道限制终点的“专用车道终点”标志(图 3-34)。

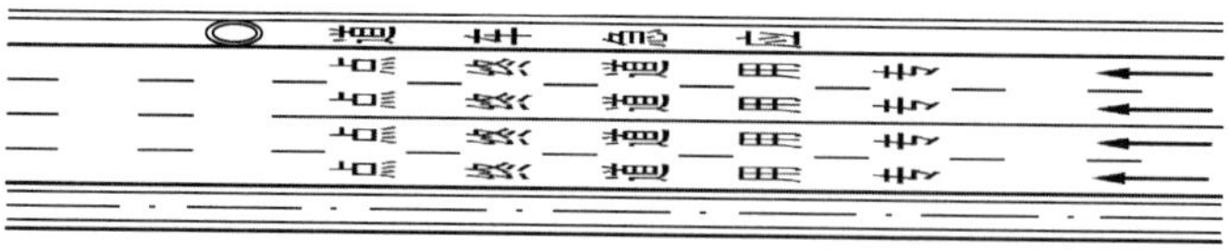

图 3-34　专用车道终点地面文字标志

3.2.3.2　高速公路出口

除了基本路段内设置间隔均匀的专用车道标线,还需要在高速公路分合流区域的主要决策点处设置专用车道标线。

在出口分流区,客车专用车道内车辆需要从内侧车道变道至最外侧车道并离开高速公路,因此,在出口分流区路段设置为虚实线以供内侧车道车辆驶出高速公路,如图 3-35 所示。

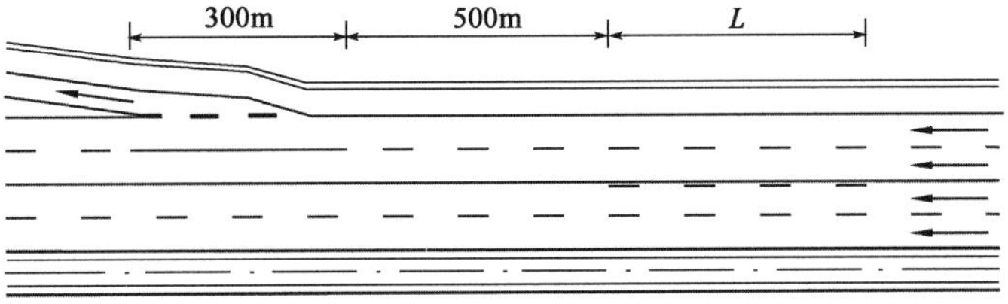

图 3-35 出口虚实线设计示意图

3.2.3.3 高速公路入口

在入口合流区,刚驶入高速公路的小客车需要从最外侧车道变道至内侧专用车道,因此在入口合流区路段设置为虚实线以供车辆驶入专用车道,如图 3-36 所示。

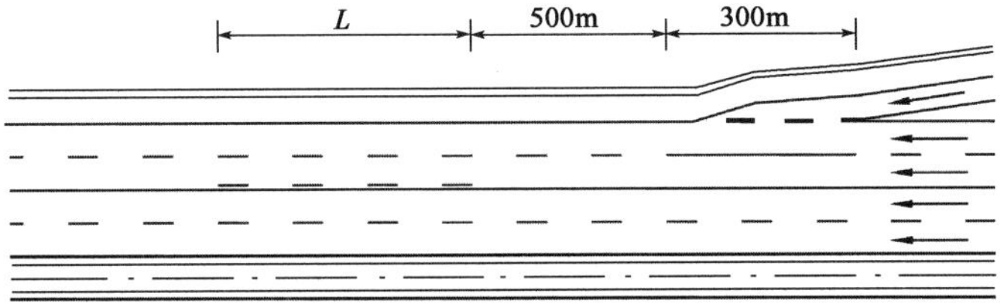

图 3-36 入口虚实线设计示意图

3.3 自动驾驶专用车道

L3 或 L4 高级自动驾驶车辆至今尚未实现量产,更多的是 L2 级自动驾驶车辆百花齐放。虽然持续不断的政策支持“智慧公路”建设,但由于技术和市场的原因,仍然困难重重。前沿科技咨询机构 ICV 发布的《*Global intelligent driving forecast*—2022》指出,2021 年全球 L1 及 L1 级以上的智能驾驶汽车渗透率超过 2/3,达到 73.61%,预计到 2026 年,全球 L1 及 L1 级以上智能驾驶汽车市场渗透率将达到 94.19%(图 3-37)。到 2026 年,中国汽车销售市场约占全球的 40.12%,其中 L1 级、L2 级乘用车,中国市场已在 2021 年占全球销量的 43%,中国市场将是全球智能驾驶技术发展的主要推进器。由图 3-37 可知,在未来较长的时间里,人工驾驶与自动驾驶将同时存在。然而,自动驾驶的技术优势只有在 100% 的渗透率下,才能充分发挥。以脱手型 L2 级自动驾驶车辆为例,行驶在高速公路与人工驾驶车辆混行时,经常遇到慢速车队、加塞插队(cut-in)等情形,不仅增加了自动驾驶车辆处理场景的复杂度,也增加了危险性。

研究表明,通过将自动驾驶车辆和人工驾驶车辆在不同车道上进行分离,并尽量减少人工驾驶车辆对自动驾驶车辆的干扰,可以增加道路的通行能力。这也是目前国内外在高速公路上普遍采用的自动驾驶车辆的组织形式,如东海大桥自动驾驶专用车道,杭绍甬高速公路、长益高速公路、京雄高速公路自动驾驶专用车道等。

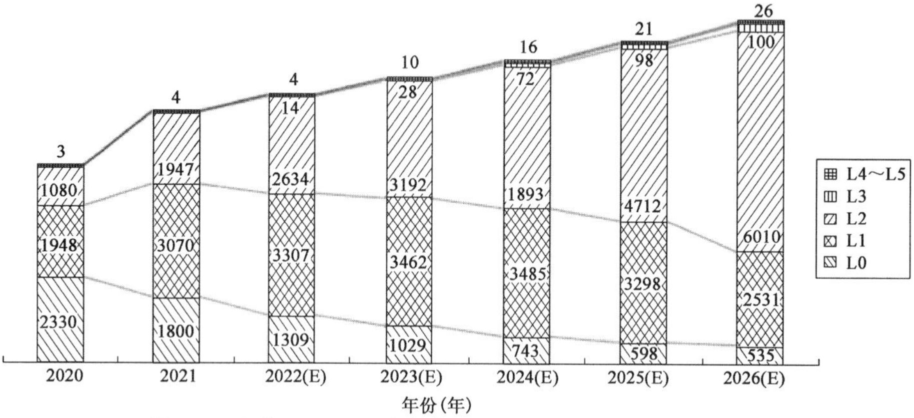

图 3-37　全球 2020—2026 年智能驾驶汽车销量及预测(单位:万辆)

注:(E)表示预测值。

3.3.1　自动驾驶专用车道位置与数量

为了更方便协调与现有高速公路的车道组织形式,目前我国与美国的自动驾驶专用车道均设于高速公路的内侧,如图 3-38 所示,当需要设置多条自动驾驶专用车道时,应按照从内到外的顺序,将指定数量的车道设为自动驾驶专用车道。当设置多条自动驾驶车道时,应限制自动驾驶货车只能在最外侧自动驾驶专用车道上行驶,并根据自动驾驶货车在自动驾驶车辆的占比,进行自动驾驶货车专用车道的数量设置。自动驾驶专用车道设置位置示意图如图 3-38 所示。

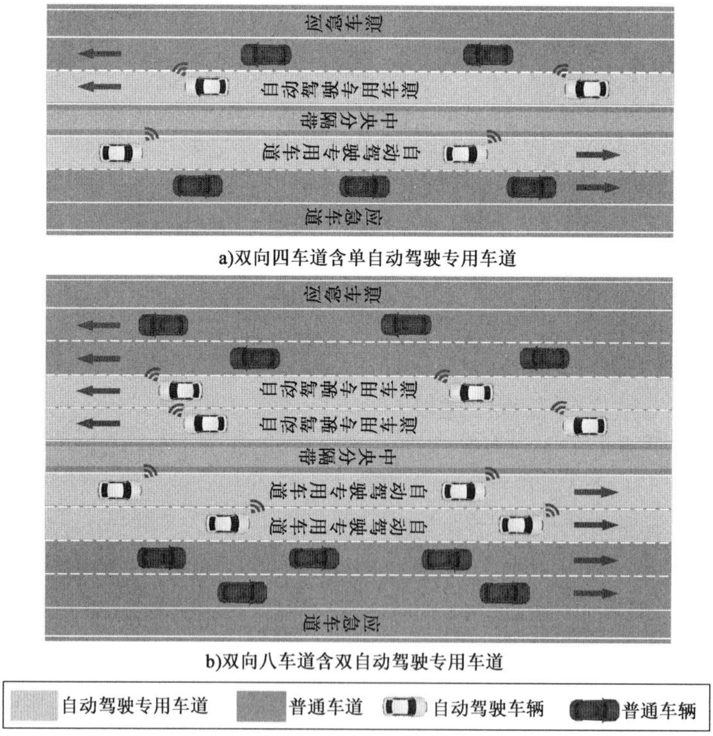

图 3-38　自动驾驶专用车道设置位置示意图

自动驾驶车辆的级别和渗入率是影响自动驾驶专用车道设置数量的主要影响因素。仿真实验的研究结果表明：对于双向四车道高速公路，当自动驾驶车辆渗透率小于30%时，不建议设置自动驾驶专用车道；这是由于其渗透率比较小，会造成车道的浪费，降低通行能力。当自动驾驶车辆渗透率大于30%不超过80%时，可设置1条自动驾驶专用车道。当自动驾驶渗透率大于80%时，可将1条车道设置为自动驾驶专用车道，另外1条车道设置为自动驾驶车辆与人工驾驶车辆混行的车道。

对于双向六车道的高速公路，当自动驾驶车辆渗透率小于30%时，不建议设置自动驾驶专用车道；当自动驾驶车辆渗透率大于30%不超过50%时，可设置1条自动驾驶专用车道；当自动驾驶车辆渗透率大于50%时，可将2条车道设置为自动驾驶专用车道，另外1条车道设置为自动驾驶车辆与人工驾驶车辆混行的车道。

对于双向八车道的高速公路，当自动驾驶车辆渗透率小于15%的时候，不建议设置自动驾驶专用车道；当自动驾驶车辆渗透率大于15%不超过55%时，可设置1条自动驾驶专用车道；当自动驾驶车辆渗透率大于55%时，可设置2~3条自动驾驶专用车道。

对于双向十车道的高速公路，当自动驾驶车辆渗透率小于10%时，不建议设置自动驾驶专用车道；当自动驾驶车辆渗透率大于10%不超过45%时，可设置1条自动驾驶专用车道；当自动驾驶车辆渗透率大于45%不超过75%时，可设置2条自动驾驶专用车道；当自动驾驶车辆渗透率大于75%时，可设置3~4条自动驾驶专用车道。

Ma等对设有自动驾驶专用车道的高速公路车道通行能力进行了分析，常规车道的道路通行能力计算公式见式(3-8)。

$$C_{\mathrm{r}} = f(\alpha_{\mathrm{r}},\lambda,\gamma) = \frac{C_0}{1-\alpha_{\mathrm{r}}(1-\lambda)(1-\gamma)} \tag{3-8}$$

式中：C_{r}——常规车道上异质交通流的通行能力；

C_0——车道上只有人工驾驶车辆行驶时的交通容量；

α_{r}——常规车道上的自动驾驶车辆比例；

λ——容量增益系数；

γ——最小异质串数量与自动驾驶车辆数量之比。

带有自动驾驶专用车道的高速公路通行能力计算公式见式(3-9)。

$$\begin{aligned} Q &= \frac{n_{\mathrm{r}}C_0(1-\alpha_0)}{(1-p)[1-\alpha_0(1-\lambda)(1-\gamma)]} \quad (\alpha_0 \leqslant p < p_0) \\ Q &= \frac{n_{\mathrm{e}}C_0(1-\alpha_{\mathrm{r}})}{\lambda(p-\alpha_{\mathrm{r}})} \quad (p_0 \leqslant p < 1) \end{aligned} \tag{3-9}$$

式中：n_{r}——普通车道数量；

n_{e}——自动驾驶专用车道数量；

p——自动驾驶车辆的渗透率；

α_0——自动驾驶专用车道未饱和时的渗透率；

p_0——自动驾驶专用车道饱和时的临界渗透率。

最终，得到带有自动驾驶专用车道的通行能力随自动驾驶车辆比例变化情况，如图3-39所示。

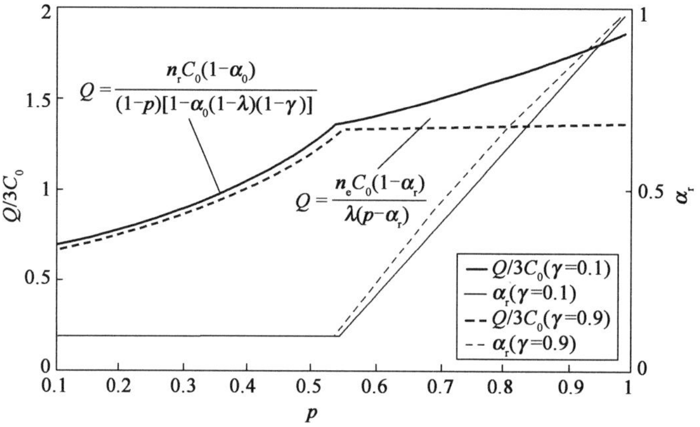

图 3-39 不同 CAV 渗透率下的 $Q/3C_0$

前述的通行能力计算公式适用于定速编队的应用场景,但在高速公路出入口处,部分自动驾驶车辆需换道驶入或驶出高速公路,形成变道出入的应用场景,专用车道的设计对互通式立交出入口的影响也引发了国内外学者的关注。Ma 分析了自动驾驶车辆渗透率、常规车道自动驾驶车辆比例、自动驾驶车辆队列系数对加速车道区域处拥堵的影响,研究结果表明,自动驾驶专用车道显著提高了入口匝道交叉口区域的通行能力;较长的加速车道可以略微降低自动驾驶队列系数,防止自动驾驶退化,但几乎不能增加入口匝道交叉口的通行能力。图 3-40所示为自动驾驶专用车道加速车道仿真场景车道。

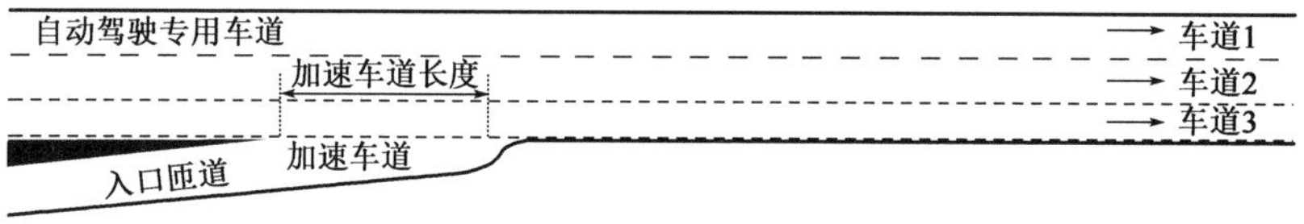

图 3-40 自动驾驶专用车道加速车道仿真场景

3.3.2 自动驾驶专用车道分隔方式

自动驾驶专用车道的分隔方式包括交通标线分隔、物理隔离设施分隔、彩色路面分隔 3 种形式。采用交通标线进行分隔是最常用的形式,自动驾驶专用车道的交通标线包括纵向标线和地面文字。地面文字的标识与交通标志内容一致,对于路段级的自动驾驶专用车道,会在地面标记“自动驾驶专用车道起点”“自动驾驶专用车道终点”,在路段范围内根据高速公路出入口位置间隔设置地面标记。在该种隔离方式下,自动驾驶车辆可以在专用车道的任意位置自由驶入或驶出(图 3-41)。

《公路工程适应自动驾驶附属设施总体技术规范》(征求意见稿)的第 7.4.4 条规定了自动驾驶专用车道应在行车道内施划“自动驾驶车”路面文字,表示该行车道为自动驾驶车辆专用车道。如该车道为分时专用车道,可在文字下加标专用的时间。汉字及数字字高、高度比例、排列方式应满足《道路交通标志和标线 第 3 部分:道路交通标线》(GB 5768.3—2009)的相关规定。自动驾驶专用车道线(图 3-42)应与自动驾驶专用车道标志配合设置。

图 3-41 自动驾驶专用车道标线分隔示意图

采用物理隔离设施分隔自动驾驶专用车道的应用较少，因为物理分隔会占用道路宽度，压缩车辆的行驶空间，也会限制自动驾驶车辆的出入，尤其是在遇到各类突发事件时，难以救援与交通疏散。限于上述限制，采用物理隔离设施分隔的自动驾驶专用车道目前主要呈现于概念设计图中（图 3-43）。

图 3-42 自动驾驶车辆专用车道线

图 3-43 自动驾驶汽车概念设计图

采用彩色路面对路权信息的表达常用于城市道路或用于对高速公路上特殊点段的标识，目前未见全线连续应用的案例。彩色路面因为其极具视觉冲击力的标识，使其在表达路权信息时具有连续性和显著性，但受施工工艺、着色剂耐久性等因素的影响，该种路权划分方式仅出现于一些自动驾驶专用车道的概念规划设计中，如图 3-44 所示。

a)沪杭甬高速公路

b)密歇根智慧走廊

图 3-44 彩色路面

为实现自动驾驶车辆在高速公路出入口的驶出与汇入,自动驾驶车辆在汇入自动驾驶专用车道过程中,直行的车辆具有优先通行权,但要更好地解决自动驾驶车辆的汇入问题,则需要附近的路侧单元进行集中式的交通控制,提高车辆汇入路段的通行效率与安全水平。而对于实线分隔的自动驾驶专用车道,在出入口处应进行允许换道的交通标线施划,可以采用虚实线或虚线两种形式,具体长度的选用则与专用车道服务的交通量、路侧单位对交通流的控制策略有关。

交通标线的设置应符合《道路交通标志和标线》(GB 5768)的规定。

3.3.3 交通标志设置

自动驾驶车辆在获取运行环境与公路信息过程中,有两种技术实现途径:一种是完全通过感知设备进行信息的获取,包括纯视觉派和视觉+激光雷达组合的形式两种;另一种是通过高精地图进行道路信息的获取,高精地图可以使自动驾驶车辆提前获取公路信息,并能克服在视认条件受限条件下对公路信息识别不准确的问题,在自动驾驶车辆的发展过程中留下了浓墨重彩的一笔。但是,随着高精度地图技术的持续推进,其应用的局限性也越来越凸显。一方面,公路并不是一成不变的,为了维持我国已建成的存量公路的服务水平和服务能力,公路养护作业与改扩建成为常态,这对于维持高精度地图的准确性带来了巨大的挑战。另一方面,高精度地图绘制费用居高不下也是限制其规模化应用的重要原因。目前高精度地图的费用约为6万元/km,如整个广州市高精度地图的绘制费用超过2亿元。

交通标志是自动驾驶车辆通过感知设备获取公路信息的重要途径之一,自动驾驶专用车道的交通标志包括实体交通标志和电子交通标志。《公路工程适应自动驾驶附属设施总体技术规范》(征求意见稿)第7.4.2条规定了自动驾驶专用车道标志,如图3-45所示,同时规定了自动驾驶专用车道的设置位置,要求应在进入自动驾驶专用车道的起点及各交叉口入口设置自动驾驶专用车道标志。应在起始点、大型交叉口及其他易引起误判的地方设置该标志,其他小交叉口可酌情减少设置该标志。

图3-45 自动驾驶专用车道

上海市东海大桥的自动驾驶专用车道交通标志采用了静态标志和可变信息标志组合的形式,3号车道标注"自动驾驶专用",可变信息标志上展示"3号车道允许通行,谨慎驾驶"的提示信息。该可变信息标志采用悬臂式支撑,如图3-46所示。部分高速公路采用了门架式支撑设于车道正上方的形式表达自动驾驶专用车道。

图 3-46 自动驾驶专用车道交通标志表达方式

除指路标志外，对于高速公路上的自动驾驶专用车道，在有条件的情况下应设置预告标志。预告标志用于路段级的自动驾驶专用车道，指路标志在路段级与全线级均有应用。自动驾驶专用车道预告标志包括起点预告标志和终点预告标志，如图 3-47 所示。自动驾驶车道的预告标志预告前方车道的专用性，以提醒不能继续行驶于该车道的车辆提前换道。自动驾驶专用车道终点是为了提前告知自动驾驶车辆，以使自动驾驶车辆转入驾驶员驾驶或转入其他道路。

图 3-47 自动驾驶专用车道预告标志

除静态标志外，采用门架式可变信息标志进行自动驾驶专用车道的预告，也是非常普遍的一种设置形式。图 3-48 所示为京台高速公路自动驾驶专用车道的预告标志。

a)自动驾驶专用车道起点预告标志

b)自动驾驶专用车道终点预告标

图 3-48 自动驾驶专用车道起终点标志

标志设计应符合《道路交通标志和标线》(GB 5768)、《车联网路侧设备设置指南》(T/CTS 1)、《智慧高速公路交通标志设置指南》(T/CTS 3)等规范的要求。

3.4 事件条件下的车道管控

随着路网规模和通行交通量的不断增长,即使发生概率小的交通事件的影响也已经变得不可忽视,对于设置了专用车道的高速公路,若在专用车道内发生了事故,行驶于专用车道的车辆可以驶入混行车道;但是,若混行车道发生交通事件,非专用车道服务车型的组织管理会面临法律、指引的困难。《中华人民共和国道路交通安全法》第三十七条规定:道路划设专用车道的,在专用车道内,只准许规定的车辆通行,其他车辆不得进入专用车道内行驶。但并未对事件条件下,非专用车道服务车型是否可以通行进行规定,因此,事件条件下解决非专用车道服务车型的组织是亟须解决的问题。

3.4.1 事件发生于专用车道的交通管控

交通事件发生于专用车道时,客货专用车道的服务车型行驶于混行车道即可,此时,可不进行过多的交通干预。但当自动驾驶专用车道内发生交通事件时,则需自动驾驶车辆能够自主地进行交通事件判断,并能够进行通行路径的选择。这对于自动驾驶车辆处理细分交通场景的能力提出了更高的要求。

当自动驾驶车辆发现行驶车道的交通事件且现场指挥人员尚未到达时,自动驾驶专用车道与其他车道间的交通标线形式直接影响自动驾驶车辆对通行路径的选择。当采用可跨越同向车道线进行分隔时,自动驾驶专用车道全部被交通事件占用的条件下,自动驾驶车辆可以跨越车道分界线继续向前行驶。当采用不可跨越的同向行车道交通标线时,在无路侧单元与自动驾驶车辆通信的情况下,自动驾驶对于不可跨越同向行车道交通标线的解读会使其无法找到可通行的路径,进而形成交通拥堵,因此,这种情况下就需要能够快速地进行事件检测,通过现场指挥或路侧单元进行交通指挥。在有路侧单元的情况下,路侧单元会接收自动驾驶车道的信息,并对于交通事件作出判断,进而可以给行驶于自动驾驶专用车道的车辆发出指令。对于L4以下级别的自动驾驶,当检测到或接收到路侧单元发出的自动驾驶专用车道的交通事件信息时,则由自动驾驶状态转变为人工驾驶状态。

现场人员进行交通指挥时,会根据事件的影响事件与范围进行局部临时交通组织,这就要求自动驾驶车辆能够读懂现场指挥人员的交通指挥,正确理解临时的交通组织设施,如锥形桶、软隔离、临时路障等,并能处理好临时组织措施与固定设施传递的交通信息的优先级,保障通行的安全性。对转为人工驾驶状态的自动驾驶车辆则无此要求。

对于影响面广且影响时间长的交通事件,还需要在路网范围内及时进行交通组织,控制车辆的驶入、诱导交通选择其他路径分流等,减少驶入事件发生路段的车辆数。同时,3.4.2节的措施同样适用于本小节。

3.4.2 事件发生于混行车道的交通管控

事件发生于混行车道但仍然可以通过应急车道或混行车道仍具有可通行空间时,会造成混行车道交通拥堵;混行车辆交通量大时,会造成严重的交通拥堵。当混行车道和应急车道全部被占用时,若不进行专用车道交通管控的调整,则会使混行车道的部分车型无法通行,因此,需要通过及时调整车道管控策略,保障事件状态下高速公路的正常通行。

根据事件的严重程度、影响范围,通过关闭部分车道并进行交通诱导,同时可以根据交通情况开放应急车道来维持交通流的正常运行,减小突发事件对路网交通流的影响。

(1)关闭一条车道。当某车道上发生突发事件时,暂时关闭该车道可以通过道路现有可变信息标志在相应车道上方显示"车道关闭 ×"的信息。以关闭最内侧车道为例,如图3-49所示,并将该条车道上的车辆引导至相邻车道行驶。

图3-49 关闭一条车道信息显示

(2)关闭两条车道。突发事件占据两条车道时,通过道路现有可变信息标志在相应车道上方显示"车道关闭 ×"的信息。以关闭内侧两车道为例,如图3-50所示,将突发事件占据的两条车道上的车辆引导至相邻车道行驶。

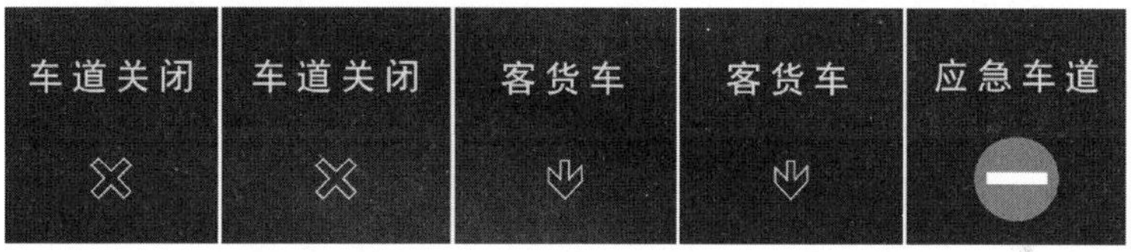

a)关闭两条相邻车道

b)关闭两条不相邻车道

c)关闭两条不相邻车道并开放应急车道

图3-50 关闭两条车道信息显示

(3)关闭三条车道。突发事件需要占据三条车道时,通过道路现有可变信息标志在相应车道上方显示“车道关闭 ×”的信息。以关闭内侧三车道为例,如图 3-51 所示。关闭三条车道通常意味着突发事件较为严重,道路通行能力严重降低,可以开放应急车道进行交通疏导,通常采用多次合流与分流的形式,逐步引导关闭车道的车辆驶过事故发生地,同时需要上游进行交通诱导分流来缓解事故发生地的交通压力。

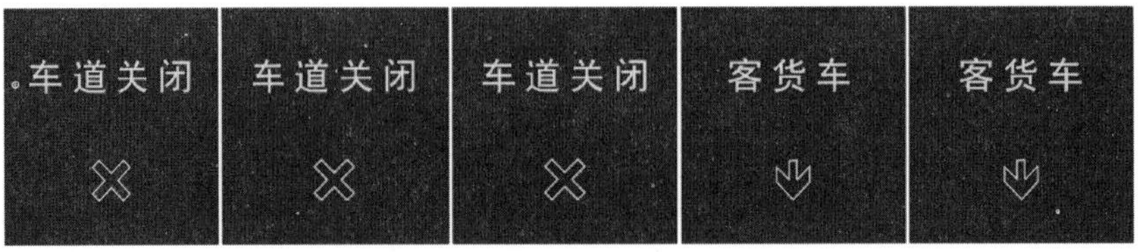

图 3-51　关闭三条车道信息显示

(4)道路封闭。当突发事件占据四条车道时,通过道路现有可变信息标志在相应车道上方显示“车道关闭 ×”的信息,如图 3-52 所示。当高速公路突发事件占据四条车道,导致半幅交通拥堵时,事故发生地道路全封闭,禁止车辆通行,已进入事故路段的车辆在事故上游排队,等待事件处理结束,或开放应急车道疏散排队车辆;同时在上一高速公路出入口处对上游交通流进行诱导分流。

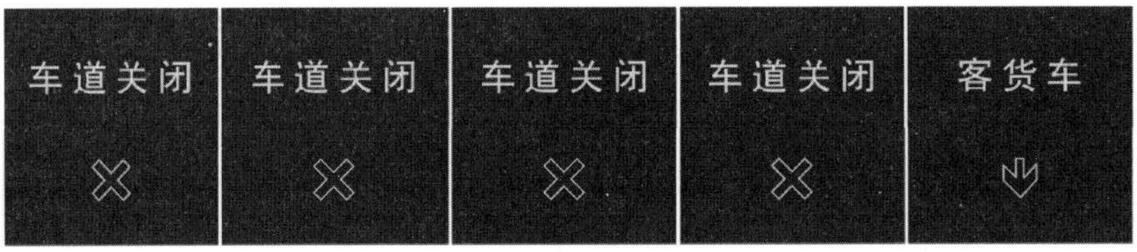

图 3-52　关闭所有车道信息显示

(5)交通诱导。在有高速公路突发事件的情况下,道路通行能力下降,事件影响会在路网范围内进行传播。为降低高速公路网交通运行风险,需要对路网内的交通流进行合理的交通诱导、绕行分流,使交通流在路网范围内能够正常运行。交通诱导主要通过可变信息标志或车载导航设备实现,以道路封闭为例,交通诱导信息显示如图 3-53 所示。

图 3-53　交通诱导信息显示

从事件发生点上游最近的一个立交开始,诱导路网内的车辆进行绕行分流,减少进入事发路段的交通流,缓解事发路段的交通压力。根据突发事件严重程度和时间空间影响范围,选择需要进行交通诱导的上游立交数量,例如在有严重突发事件导致道路封闭的情况下,可以考虑在上游多个立交处同时进行交通诱导。

3.5 本章小结

本章首先对多车道高速公路车道管理方式、车道分隔方式、标志标线类型以及路权划分进行总结,为客货分行及自动驾驶专用车道的设置研究提供基础。通过驾驶模拟试验、交通仿真试验等提出客车专用车道、自动驾驶专用车道宽度选择与车道功能划分方案的选择方法,基于可插入间隙理论提出出入口路段交通组织方式与虚实线长度计算方法。提出设置专用车道的多车道高速公路的车道管控措施,包括车速限制和车道限制,在发生突发事件时可以采取相应的车道管控措施来维持高速公路的正常运行。

第4章

高速公路运行环境监测

高速公路运行环境包括气象环境和交通运行环境两部分,数据监测包括固定式和移动式两种方式,公路运行环境的变化时时刻刻影响着高速公路运行安全,本章主要对高速公路运行环境的监测设备、布设原则、数据传输与存储、云雾运算规则进行介绍。

4.1 气象环境监测

4.1.1 气象环境监测设备

4.1.1.1 设备功能划分

在路面状况监测方面,主要设备分为埋入式与遥感式两种。安装埋入式路面状况传感器时需要切割路面,将传感器埋入路面适当位置,并使传感器表面与公路表面齐平。目前全球路面状况传感器的主要厂商和产品包括芬兰 Vaisala 公司的 DRS511、德国 Lufft 公司的 ARS31、瑞士 Boschung 公司的 ARCTIS 等相关产品,如图 4-1 所示。大多数传感器都可以提供路面温度、地表下温度、路面状况、化学除雪剂的残留情况。

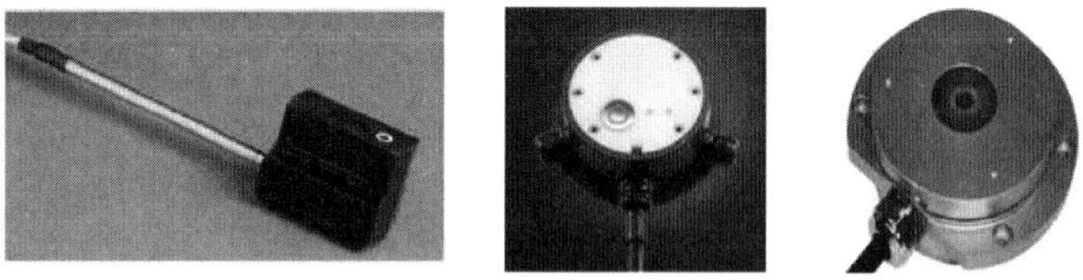

a)Vaisala DRS511　　b)Lufft ARS31　　c)Boschung ARCTIS

图 4-1　埋入式路面状况传感器

遥感式传感器一般安装在路侧交通气象监测站或杆柱的适当高度,使传感器对准路面适当位置。目前市场上的遥感式路面状况传感器产品主要包括芬兰 Vaisala 公司的 DSC111、德国 Lufft 公司的 NRS31、英国 CODEL 公司的 MLST 等相关产品，如图 4-2 所示。

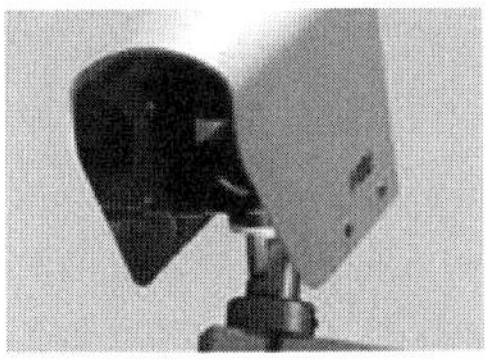

a)Vaisala DSC111

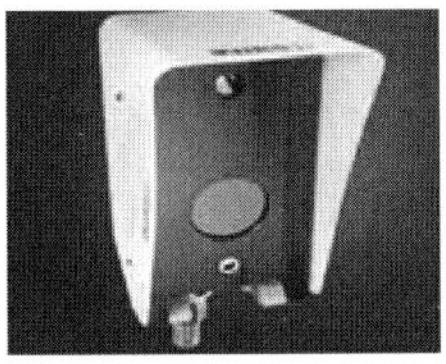

b)Lufft NRS31

c)CODEL MLST

图 4-2 遥感式路面状况传感器

在道路能见度监测方面，主要设备分为大气透射仪和前向散射仪两种，前者通过光束透过两固定点之间的大气柱直接测量气柱透射率，以此来评估能见度值，这种方法的测量范围受基线长度的影响，而且由于光学收发系统分体安装，现场调校相对困难。后者则是通过测量大气对光的散射方法来推测能见度，但是它取样空间小，测量的只是一个较小体积空气样本的散射值，代表性稍差，标定相对困难。

在风向监测方面，主要分为电磁式风向传感器、光电式风向传感器、电阻式风向传感器三种。其中，电磁式风向传感器利用电磁原理设计，由于原理种类较多，所以结构有所不同，目前部分此类传感器已经开始利用陀螺仪芯片或者电子罗盘作为基本元件，其测量精度得到了进一步的提高。光电式风向传感器采用绝对式格雷码盘作为基本元件，并且使用了特殊定制的编码，以光电信号转换原理，可以准确地输出相对应的风向信息。电阻式风向传感器采用类似滑动变阻器的结构，将产生的电阻值的最大值与最小值分别标成 360°与 0°，当风向标产生转动时，滑动变阻器的滑杆随着顶部的风向标一起转动，从而产生不同电压变化，并以此计算风的角度与方向。

4.1.1.2 监测设备选型

基于分布式结构的雾端交通气象风险监测数据采集设备主要包括遥感式路面温度及大气温湿度传感器、路面状态传感器、能见度传感器、全球定位系统（Global Positioning System，GPS）卫星定位数据接收器、数据采集器、无线收发装置等，并配备个人计算机（Personal Computer，PC）端移动交通气象监测数据采集软件，通过与数据采集器建立 Wi-Fi 无线通信和蜂窝移动网络通信，实现手机端和 PC 端实时数据的采集、传输、存储和查看。数据采集频率可达到每秒 5 次，其中路面温度数据、车辆速度数据的测量精度均可达到小数点后 2 位，经纬度的测量精度达到小数点后 6 位，这些都为分析路面温度空间分布特征提供了有力的支撑。

1）大气温湿度传感器

大气温湿度传感器具有可靠的温湿度测量功能，适用于各种环境。温度传感器和湿度传感器都位于探头顶端，采样频率最大可到 1Hz，满足需求。大气温湿度传感器如图 4-3 所示。

2）路面温度传感器

路面温度传感器的探头工作温度范围可达 -40 ~ 180℃；温度测量量程为 -50 ~ 600℃，系统精度可达 1%，温度分辨率可达 0.1℃，采样周期最小可达 150ms，对应 80km/h 的车速行进距离为 3.3m，这也在路面温度测量的可接受范围内。路面温度传感器如图 4-4 所示。

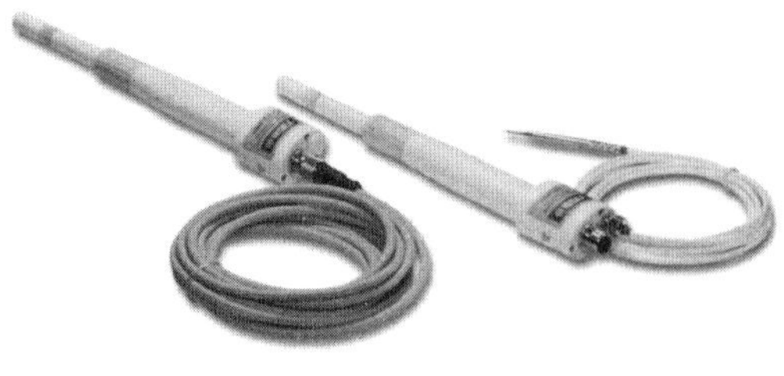

图 4-3　大气温湿度传感器

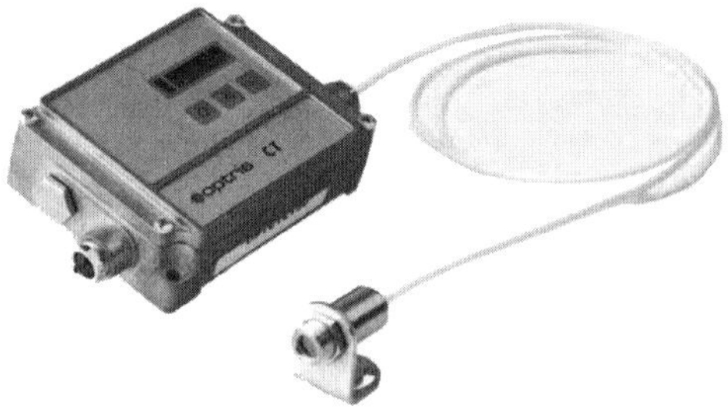

图 4-4　路面温度传感器

3)遥感式路面状态传感器

遥感式路面状态传感器使用维萨拉公司的车载路面气象信息传感器,用来检测路面干燥、潮湿、积水、结冰、积雪的路面状态,安装在车辆顶部,可离测量对象距离 12m。遥感式路面状态传感器如图 4-5 所示。

4)能见度传感器

能见度传感器是系统集成了维萨拉公司的 VS20 UMB 小型化能见度传感器。该传感器工作电压 24V,功率为 3W,数据更新频率为 1 次/min。能见度传感器如图 4-6 所示。

5)一体式气象站

一体式气象站即全要素公路气象环境观测站(主站),该设备综合了上述传感器的功能,可根据不同气象要素对高速公路交通产生的影响进行监测,主要包括降水、能见度、风力、温度、降雪、积雪、路面状况(湿滑指数)等,如图 4-7 所示。

图 4-5　遥感式路面状态传感器

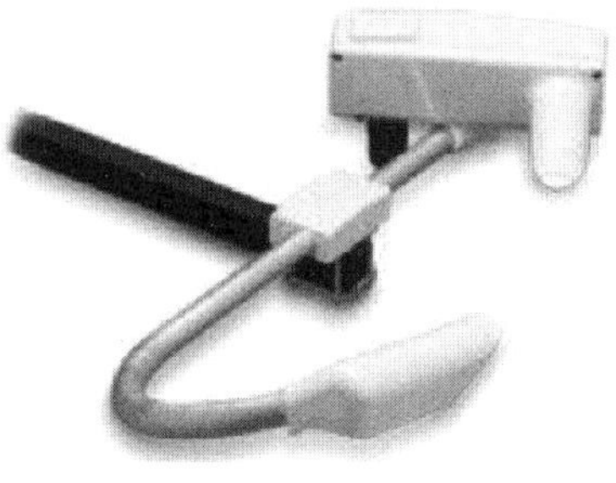

图 4-6　能见度传感器

图 4-7　一体式气象站

通过前期调研与设备比选,满足气象数据监测设备参数见表 4-1。

设备参数　　表 4-1

序号	现场传感器	测量范围	分辨力	准确度
1	能见度仪	10～2000m 10～10000m	1m	±10%(≤1500m)
				±20%(>1500m)

续上表

序号	现场传感器	测量范围	分辨力	准确度
2	空气温感	-40 ~ +60℃	0.1℃	±0.2℃
3	相对湿度	5% ~100%	1%	±3%(≤80%)
				±5%(>80%)
4	风速传感器	0 ~60m/s	0.1m/s	±(0.5 +0.03V)m/s
5	风向传感器	0° ~360°	3°	±5°
6	降水	0 ~4mm/min	0.1mm	±0.4mm(≤10mm)
				±4%(>10mm)
7	路面温感	-40 ~ +80℃	0.1℃	±0.5℃
8	后散射式能见度	10 ~1000m	1m	±20%
9	路面温度	-40 ~ +80℃	0.1℃	±1℃
10	路面状况	区分干燥、潮湿、积水、积雪/结霜、结冰路面状态		

4.1.2　设备布设原则

1)主站设备布设原则

主站一般设置在重要交通枢纽或者最具有代表性的地方，不宜设置在桥梁和高架路段上。对于山岭或重丘等地形较为复杂的地区，应充分考虑海拔高度、地形、地貌对气象的影响，按气候域选址设置。根据本项目实际情况，建议在泰山枢纽立交设置一个主站，采用220V AC供电，设备安装在路侧立柱和横梁上。

2)子站设备布设原则

沿高速公路一侧每500m间隔设置一个子站，采用220V AC供电，设备安装在路侧立柱上。在本项目2km路段上设置4个子站(主站含子站功能)，如图4-8所示，图中子站1 ~3按子站A方案配置，子站4按子站B方案配置。

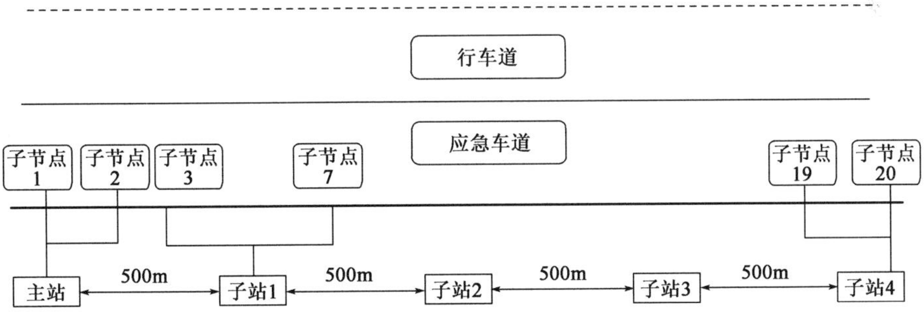

图4-8　气象环境数据采集设备布设示意图

3)子节点设备布设原则

沿高速公路一侧每100m设置一个子节点，采用电池或太阳能供电，传感器安装在应急车道上(埋入式传感器)或路侧护栏上。本项目共计设20个子节点。

4.2 交通运行状态监测

4.2.1 交通运行状态监测设备

4.2.1.1 设备功能划分

实时动态的交通流信息主要是通过交通检测设备监测获取的。实际应用中常根据交通检测数据的时空特征不同,将交通数据监测技术划分为基于定点检测的交通数据采集和基于移动检测的交通数据采集。基于定点监测的交通数据采集按照监测原理又可分为基于磁频的采集技术、基于波频的采集技术和基于视频的采集技术;基于移动监测的交通数据采集根据检测手段的差异细分为基于空间定位的采集技术、基于自动车辆识别的采集技术和基于遥感技术的采集技术。各类交通数据采集方法主要采用的检测设备见表4-2。

交通数据监测方法分类和主要采用的检测设备　　表4-2

类型			检测设备
基于定点检测的交通数据采集	压电式采集技术		气压管检测器、压电式检测器
	磁频采集技术		环形线圈检测器、磁性检测器、地磁检测器、电磁式检测器、摩擦电检测器、微型线圈检测器、磁成像检测器
	波频采集技术	主动式	微波雷达检测器、超声波检测器、主动式红外检测器、激光检测器、光信标检测器、光纤轴检测器
		被动式	被动式红外检测器、被动式声波检测器
	视频采集技术		光学视频检测器、红外视频检测器
基于移动检测器交通数据采集	空间定位采集技术		GPS浮动车监测技术、手机移动通信监测技术、蓝牙监测技术
	自动车辆识别采集技术		环形线圈识别监测技术
			射频识别监测技术
			车辆号牌识别监测技术
	遥感采集技术		航天遥感监测技术、航空遥感技术
新型先进监测技术的交通数据采集	车路协同系统采集技术		车路协同监测技术
	传感器采集技术		智能传感器监测技术、传感器网络监测技术

从当前交通数据采集的应用现状来看,依然以基于磁频和波频的定点监测技术为主。同时,视频监测技术已经发展成熟,该技术将是未来实时动态交通数据采集的主要手段之一。新型先进交通数据采集技术具有覆盖范围广、能够判断路网交通状态、提供车辆出行OD等信息。

1)视频采集设备

视频采集设备的基本原理是利用视觉技术与数字图像处理技术对道路上的运动车辆实现

自动跟踪和交通事件检测,从而自动进行交通事件检测和交通参数统计。此种监测技术对检测断面的光线变化较敏感,因此,图像的算法优劣是影响检测效果好坏的根本,目前国内外应用此种检测方法的技术占有不小比例。

事实上,与其他几种车辆检测方法相比,基于视频图像技术的方法具有直观、可监视范围广、可获取更多种类的交通参数以及费用较低等优点。

如图 4-9 所示,基于视频的道路交通流量监测技术组成包括路面摄像机、传输电缆、计算机接口、监测技术的图像处理模块、用于显示检测图像及有关参数的显示终端。针对视频图像检测的三个关键模块,人们提出了许多视频图像处理和分析方法,包括用于车辆检测模块的边缘检测法、模型法等,以及用于车辆跟踪的模型法、动态轮廓法等。

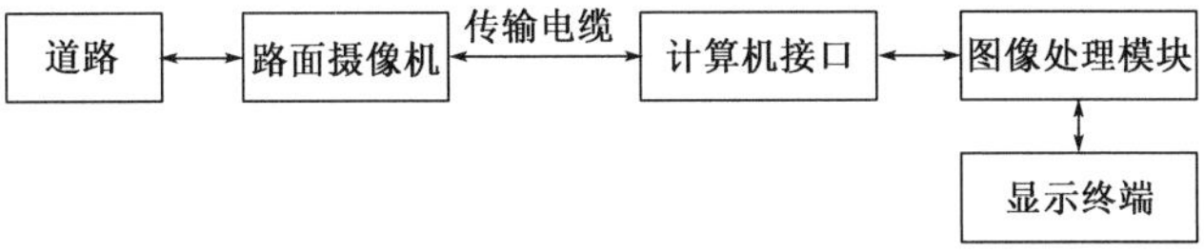

图 4-9 视频监测技术结构框图

2)磁感线圈设备

基于磁感信号的交通流量监测技术是利用铁磁物质改变周围磁场的性质,在地磁场背景中检测完整的车辆信号,其工作原理主要为:预先在公路下面铺设一个线圈并加以高频电流,当车辆从上面通过时,由于车辆大部分由金属制成,因而会在线圈内部产生涡流而使线圈电感量减小,从而获得交通流量信号,具体如图 4-10 所示。

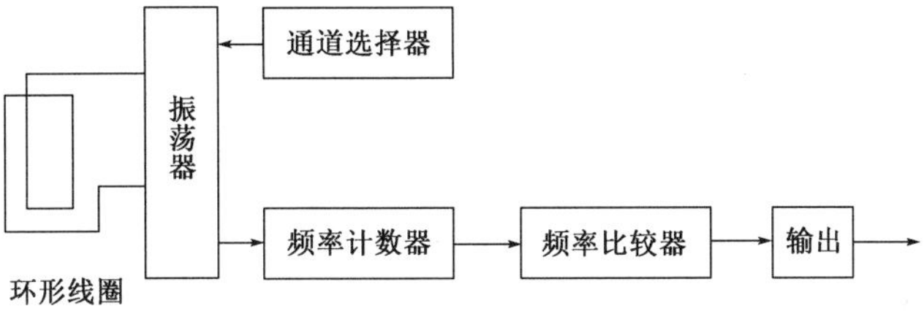

图 4-10 磁感监测技术原理图

目前,有许多研究者对磁感监测技术进行了研究,提出了多种研制和优化方案,但主要都是通过对采集的数据进行预处理和特征提取,利用两个磁感线圈的采样值,应用基于阈值的或模糊车辆判别方法,通过分析地磁曲线的峰值峰谷比、峰值时间、谷值时间、车身长等特征的选择和提取,建立相应车型特征向量,对车辆进行分类,然后推算出车流量参数。

磁感监测技术虽然应用技术成熟、成本低,是目前使用较为广泛的检测装置,但也有一些缺点:线圈安装和维护要破坏路面、影响交通;使用寿命短,维护较困难。在用于车型识别时,由于不同车型的底盘结构和铁磁物质分布的不同,电流变化引起的磁场的变化也不同,它通常根据感应曲线的不同而区分不同类型的车辆,有一定的误差率。

3)微波雷达

微波雷达是利用多普勒效应原理工作,是通过向运动着的车辆发射一定频率的无线电波,并检测物体反射回来的电波频率与发射频率的差别,用这个差别来计算运动物体的速度,实现对车的检测。微波检测可检测车速、占有率等多项交通流信息,但在交叉路口多车道、多车辆、多行人的复杂情况下,单纯依靠微波检测车辆有较大困难。

如图4-11所示,微波对运动目标速度的测量是依据多普勒原理,即物体在运动时,远离源点一端的频率变低,靠近源点一端的频率将变高。检测器的发射接收器测出车辆运动所引起的频移,并产生车辆感应输出信号,测出车辆速度。

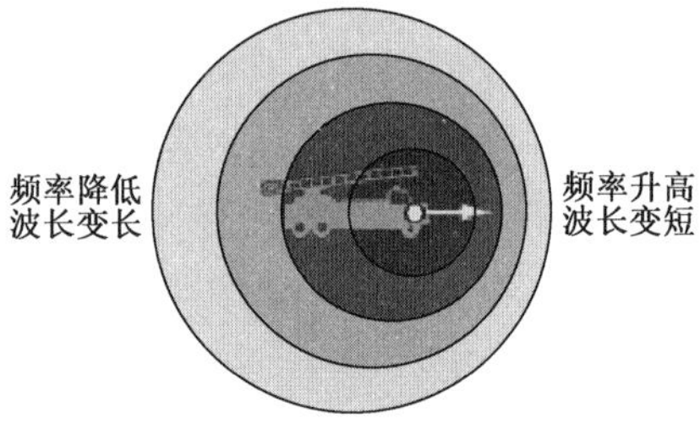

图4-11 微波监测技术依托的多普勒效应原理图

4)超声波设备

利用超声波技术进行道路交通流量检测的基本原理是利用其反射特性。超声波发射器发射一定频率的超声波遇到障碍物后产生反射波,超声波接收器接收到反射波信号,测量发射波与回波之间的时间差 t,并且可根据时间差计算出车高 h 和车长,从而对车型进行分类。超声波检测分类技术在高速公路上应用比较多,属于非接触式主动监测技术,如图4-12所示。超声波发射器通常悬挂于上方,在车辆经过时进行检测。

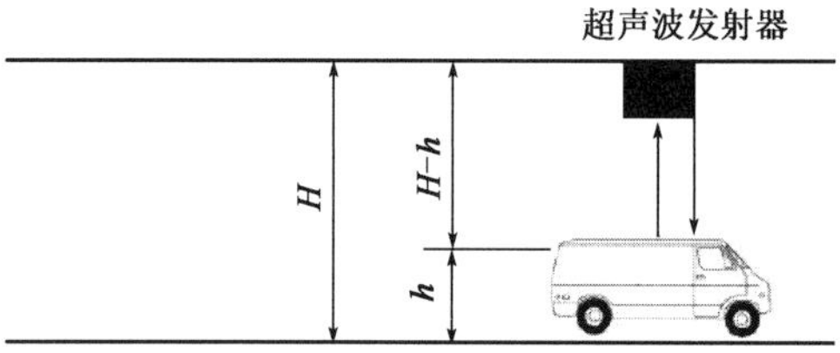

图4-12 超声波检测原理图

目前国内外对超声波监测技术也展开了多方面的研究,例如:张晓峰等研究者利用超声波原理研制一种多探头超声波车流检测器,对其设计思想、功能、结构和优点进行了论述。桑兆辉等研究者设计了一种悬挂式超声波车流多信息检测器。马风等研究者设计实现了一种基于网络的超声波车流量监测技术。

超声波交通流量监测技术主要由超声波探头、通信电路、控制部分构成,探头具有发射和接受双重功能,被设置于道路的正上方。超声波检测器采用悬挂式安装,具有体积小、寿命长、易于安装等特点,其不足之处是易受环境的影响,性能随环境温度和气流影响而降低。

综上所述,考虑到项目需求方的部署环境与具体要求,本书采用的是视频+雷达的方式采集数据。

4.2.1.2 监测设备选型

路侧单元处理系统安装在路侧单元上,实现雾端对各传感器采集的数据处理、存储、融合,以及对车辆拥堵、碰撞、追尾等实时性要求较高的数据采集。

1)视觉相机

视觉相机利用图像采集单元完成车辆图像连同车辆通过时间、速度、车长、车型、车道号、车牌等信息采集,如图 4-13 所示。

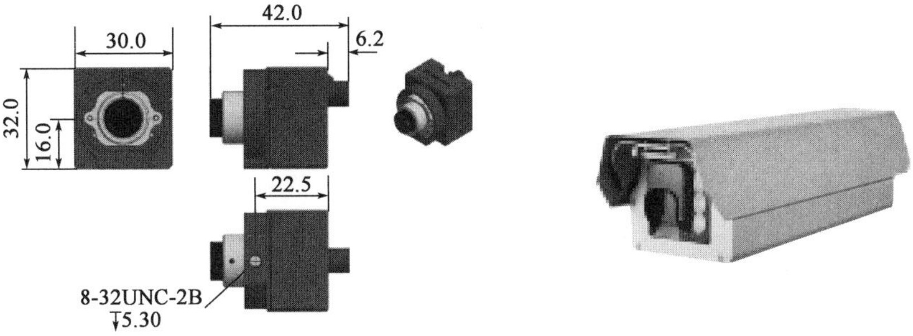

图 4-13　视觉相机结构(尺寸单位:mm)

注:8 表示螺纹外径,8in;32UNC 是螺距,32 牙/in,2 表示精准标准;↧5.30 表示深度为 5.30mm。

2)毫米波雷达

通过天线向外发射毫米波,接收目标反射信号,经后方处理后快速准确地获取汽车车身周围的物理环境信息,然后根据所探知的物体信息进行目标追踪和识别分类,实现计算并累积统计数据,包括流量、占用率、平均速度、车头车尾时距、车头时距和 85% 位车速。图 4-14 所示为毫米波雷达与测速监控软件。

图 4-14　毫米波雷达与测速监控软件

3)雷视一体机

目前,海康威视、宇视科技、大华股份、天地伟业等企业都推出了自主研发的雷视一体机(图 4-15)。海康威视雷视一体机在横向和纵向探测范围上都比较大,其中横向探测可视视角可达 90°以上,能够覆盖双向 6 ~ 8 条车道的监控视角,纵向检测距离可达 200m,甚至 450m 以上。它采用 MIMO 体制,距离精度可达 ±0.32 m,方位角精度可达 ±0.1°(远距)、±0.3°(近距);速度分辨率为 0.1m/s,可精准检测与区分行人和车辆,并进行全息化还原,实现全局目标的实时矢量化。雷视一体机检测的指标参数包括车流量、时间占有率、平均速度、车头时距、排队长度、车型等,可以满足对高速公路运行风险参数的采集要求。

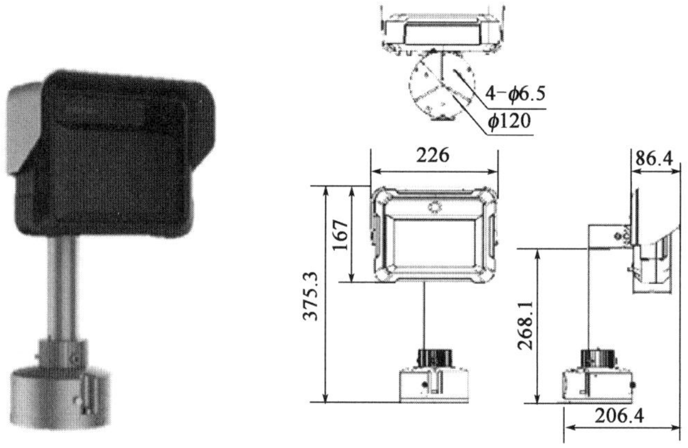

图 4-15　雷视一体机(尺寸单位:mm)

注:1. 4-φ6.5 表示 4 个直径 6.5mm 的孔径,这个表示方法是机械制图中通用符号,图上应有 4 个孔,均匀分布。
2. 外径 120mm,所以 φ120 的线指向最外缘。

4.2.2　设备布设原则

1)双目视觉相机布设原则

同一方向车道选用两台高清视觉相机,仿照人眼的左右不同视场建立 3D 图形效果,在算法上加以开发,可实现立体视觉景深。需要对两台相机追踪到目标的不同视觉角算法融合,以便准确反映车辆立体信息、速度、车车之间的间距,在 90 ~ 250m 的距离矩形区域内实现多目标跟踪。视觉相机布设示意图如图 4-16 所示。

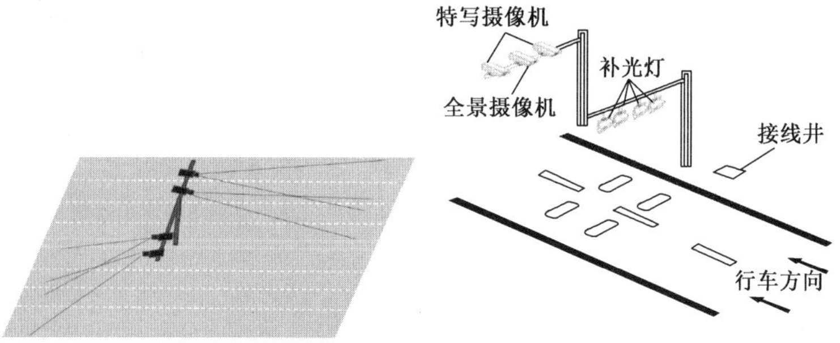

图 4-16　视觉相机布设示意图

2)毫米波雷达布设原则

毫米波雷达选用 Type29,其安装的最佳高度在 3 ~ 8m 之间,因此安装在高速公路门架上可以满足观测高度的要求;布设方位角范围在 −15° ~ 15°之间,可以根据所在车道位置进行调整;布设的俯仰角为 −3° ~ 0°,因此俯仰角的角度值可根据微波雷达前方设定的车辆检测线位置进行调整。在整体位置选择上,毫米波雷达一般布设在平直公路上,也方便其虚拟车道线与实际车道线重合。

3)雷视一体机布设原则

雷视一体机融合了 77GHz 高频段毫米波雷达以及 420 万像素高清相机,设备专用卡具安装,安装在监控杆件上置于道路中间,安装的高度不低于 3m,因此安装在高速公路门架上可以满足观测高度的要求；布设方位角范围在 -15°～15°之间，可以根据所在车道位置进行调整。在整体位置选择上，雷视一体机一般布设在平直公路上，其纵向检测距离 200m，俯仰角可调范围为 0°～-3°，因此通过调整俯仰角来确定车辆检测线位置。

4.3 移动式运行环境监测

4.3.1 移动式交通气象环境监测

车载移动式交通气象环境监测系统主要由各种交通气象传感器、GPS 模块、数据采集器、电源模块、无线通信模块、安装配件以及手机端软件和计算机端软件组成，系统框架如图 4-17 所示。

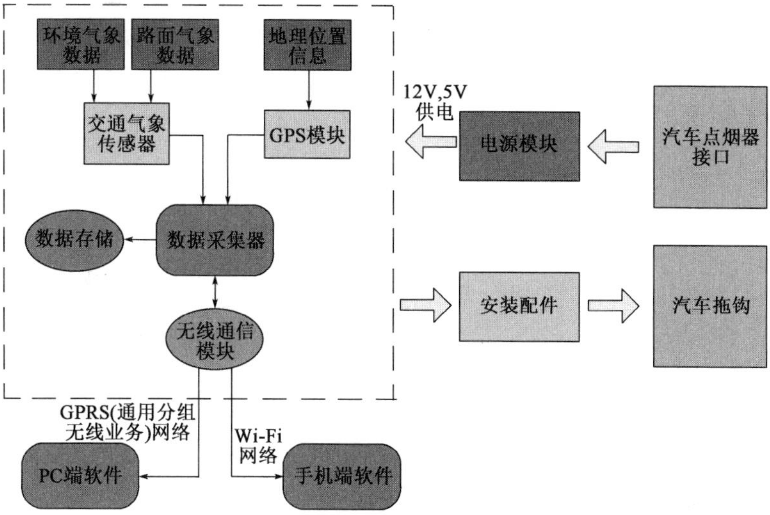

图 4-17　系统框架示意图

交通气象传感器主要包括对路面温度、路面状态、大气温湿度、环境能见度等信息采集的多种传感器。其中，由于路面温度传感器是在车上快速测量路面温度，因此使用采集频率高、安装使用方便的非接触式红外传感器。由多种传感器采集的综合数据信息通过有线通信方式（RS 485 或 RS 232 通信）传输给数据采集器。

GPS 模块提供地理位置、行车速度等信息，为交通气象数据增加空间上的维度。

数据采集器作为采集信息的核心单元，起到信息采集和存储、数据初步处理和计算、数据显示、通过无线向外部发送数据等功能。

电源模块实现从车载电源到移动式交通气象数据采集装置负载电源的转换，提供包括 12V、5V 在内的多种电压供电器可选择，并且添加隔离和熔断器，最大化保证数据采集装置的用电质量和安全，为电子装置运行的可靠性提供保障。

无线通信模块实现与手机端、远程监控端（PC 端）的无线连接和数据发送接收，与手机端软件的通信考虑使用手机无线通信中比较普遍的 Wi-Fi 网络通信，而计算机端由于是在远端，考虑使用蜂窝移动网络通信传输数据。

安装配件用于传感器和车辆之间的连接,需要借助汽车前部的拖钩,尽可能地实现方便、快捷和可靠的安装。

配备的手机 App 版移动交通气象监测和数据采集软件,界面简便、易操作。手机软件客户端通过 Wi-Fi 与数据采集器连接,实接收来自数据采集器的信息,并进一步进行数据处理,将处理后的信息显示到手机端。此外,它还具有对特殊路段记录备注的功能,便于做标记。计算机端软件与手机端软件功能相同,不同的是其通过 GPRS 接收来自远端车辆上采集装置发送的实时信息。

4.3.2 移动式交通运行状态监测

交通运行状态移动信息采集系统是一套以车载式交通运行信息采集技术为依托的智能高级信息管理系统,该系统能够对公路上各类交通流状态和事件等信息进行感知和评估,并依据评估结果进行快速风险预警和应急管理。根据功能性,采集的数据划分为移动信息采集平台数据、外部道路交通环境数据、驾驶行为信息数据、气象数据,系统集成必须实时采集同步一下数据。交通运行状态移动信息采集车及移动预警监控界面如图 4-18所示。

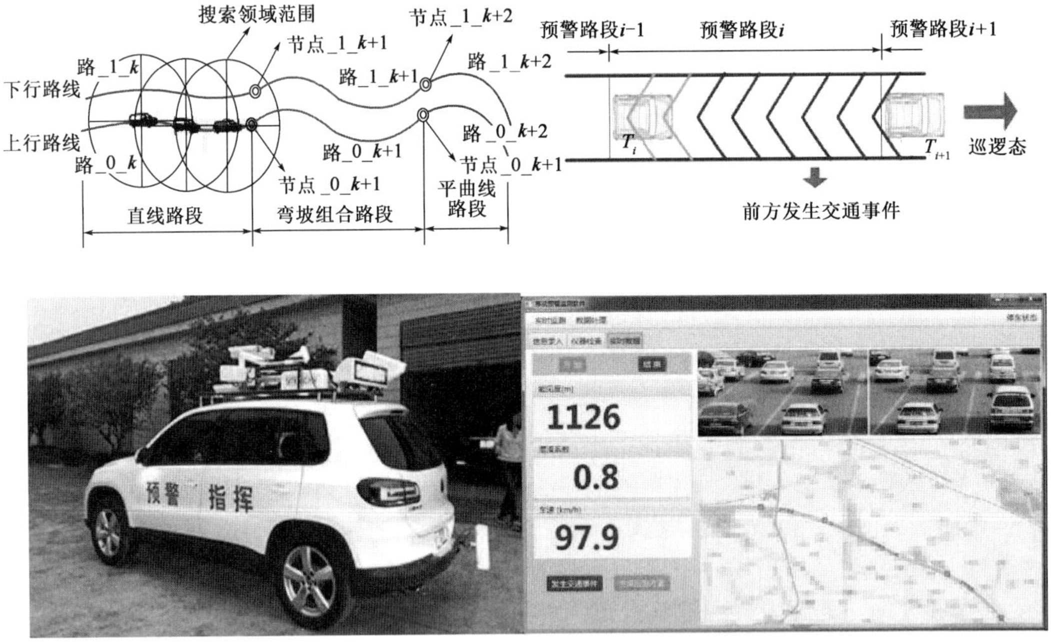

图 4-18 交通运行状态移动信息采集车及移动预警监控界面

1)移动信息采集平台数据

移动信息采集平台数据至少应包括实时车速、加速度,踏板操作、转向盘数据、发动机转速、油耗、机油温度等。

2)道路交通环境数据

道路交通环境数据至少包括路域场景信息(路基路面、道路交通标志标线、道路结构物、安全设施、路侧环境等)、交通运行信息(车头间距、前后车辆行驶速度等)、气象环境信息(晴天、降雨、降雪、雾天等)。

3)驾驶人员行为数据

驾驶人员行为数据应包括眼动数据、生理/心理数据、音频数据等内容,其中眼动数据至少包括帧信息、头部位置、头部转动、原始注视、过滤注视、分析、眼睑、交互、瞳孔、原始预计数值、原始预计注视等,以及头部追踪(6DOF)、眼睛位置、眼睛视线、瞳孔直径、眨眼、眼睑开合度等。生理/心理数据包括心电(ECG)、皮电(GSR)、肌电(EMG)、呼吸信号(RSP)、体表温度(Temp)、血容量搏动(BVP)、心率(PPG)等,以及驾驶过程中的音频。

交通运行状态移动信息采集系统搭建在一辆运动型多用途汽车(Sport Utility Vehicle,SUV)的试验车上,该车购置后在改装厂安装车载支架并搭建车载工控机(主机、屏幕、键盘、鼠标),解决车载计算机及硬件设备的用电问题(安装电池或从车辆蓄电池通过逆变装置获取交流电),确保车载计算机正常工作。

交通运行状态移动信息采集系统包括车辆运行状态数据采集模块、道路交通环境数据采集模块、驾驶行为信息采集模块以及气象数据模块,各个模块包括相应的传感器和硬件设备。工控机上安装有同步采集系统,确保车辆运行时的数据实现有效采集。并将数据采集系统安装在车载计算机上,确保车辆运行时数据采集有效。

交通运行状态移动信息采集系统架构如图4-19所示。各个模块设备数据采集与工控机的通信采用无线传输方式或车载总线进行,工控机可通过相关硬盘进行数据存储并上传,在后台进行实时分析。各零部件通过车内综合布线与工控机相连,整套设备通过车载电池(或车载蓄电池加装逆变器)供电。相关仪器设备通过定制的支架布设在车内相应位置。

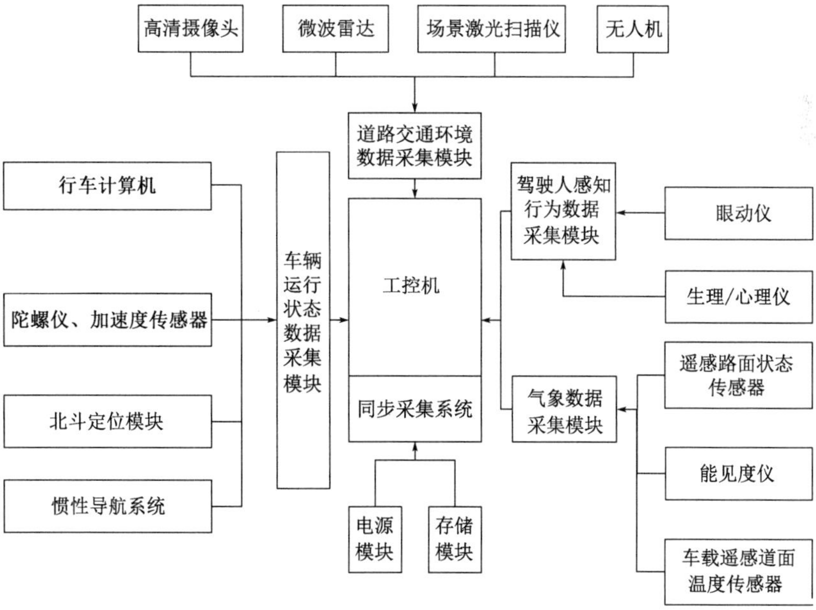

图4-19 交通运行状态移动信息采集系统架构

4.4 数据传输与存储

4.4.1 数据传输

4.4.1.1 数据传输设备

路侧单元(Road Side Unit,RSU,图4-20)可实现GPS亚米级精准定位,基于4.5G蜂窝移动通信技术将路侧单元的交通量信息、气象信息传输到数据中心服务器,同时可通过该网络可对前端控制设备进行远程管理及设备参数设置。同时,该传输网络可以采用数据专线、光纤网络、5G网络、无线DSRC/C-V2X (RSU)采集车通信下载等方式解决大数据量的传输问题,操作人员通过该网络可对前端控制设备进行远程管理及设备参数设置。RSU配置参数见表4-3,RSU技术参数见表4-4。

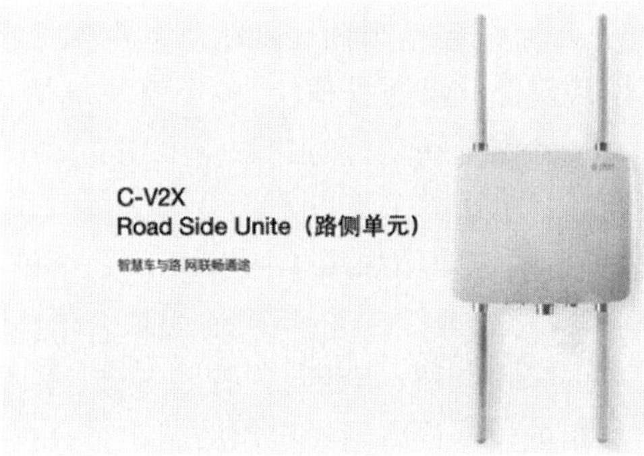

图4-20 路侧单元(RSU)

RSU配置参数 表4-3

名称	参数	名称	参数
主系统	Linux	防水等级	IP68
主芯运行内存片	LMX8x	覆盖距离	直接通信距离大于500m
运行内存	2GB	温度等级	-40~105℃
Wi-Fi热点	802.11b/g/n	供电	POE供电
北斗	支持	通信接口	以太网、光纤
加密芯片	支持	软件功能	V2X多车路协同应用场景

RSU单元技术参数 表4-4

序号	技术指标	测量范围	备注
1	广播	向外广播发送报文数据1km宽范围内	车流量、当前车道、路标、路面数据、交通量测算

续上表

序号	技术指标	测量范围	备注
2	向外无线网络	LTE-V2X PC5 WLAN 802.11b/n/g(2.4G)	
3	发射频率	750Mb/s	
4	向内边接百兆网络	100Mb/s	
5	工作方式	全双工 RS-422	
6	同步授时	GPS/北斗信号	

4.4.1.2 数据传输服务器

数据传输服务器在整个监测系统中处于中枢位置,它将前端传感器、数据库以及监控管理软件有机联系起来。数据传输服务器通过光纤、4G 网络获取路侧终端发来的数据信息,并按照设定的通信协议解析所收到的数据存入数据库或通过远程监控软件显示。同时,数据传输服务器也可将监控软件发来的命令信息,根据设定的相应数据传输协议格式将命令数据打包,通过光纤、4G 网络最终发送到相应路侧前端传感器上。

数据传输服务器的功能就是实现前端路侧单元、运行监测管理系统和应用数据库之间的数据通信、数据中转处理以及数据库服务功能。根据应用服务器所实现的功能,将数据传输服务器分为数据通信模块、数据中转处理模块和数据库服务接口模块三部分(图 4-21)。

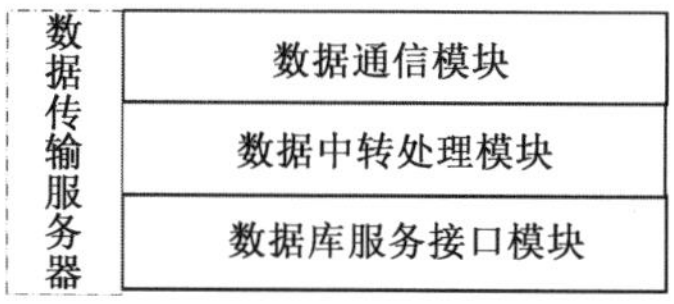

图 4-21 数据传输服务器的组成

4.4.2 数据存储

4.4.2.1 边缘计算设备

边缘计算终端(Muti-Access Edge Computing,MEC,图 4-22)为雾端智能处理运算核心,实现对多传感器前端数据融合、存储,可接入视觉相机、微波雷达、气象传感器等多种感知设备的数据,内置事件预测算法,能够运算分析大量实时数据,输出融合感知的结构化数据,为道路车辆提供实时数据,满足车路协同对数据毫秒级的实时性要求。

图 4-22 边缘计算终端(MEC)

1)功能实现

边缘计算设备实现交通量数据与气象数据融合、计算,具体包括以下功能。

(1)车流量追踪:基于 APOLLO 3.0 开发,数据统计;

(2)数据融合:视觉 + 毫米波雷达数据(GPS 基准点的多分坐标体系融合);

(3)气象数据融合:主站对应坐标点 + 分站偏移地址 + 子接点固定距离偏移。

2)设备参数

设备参数见表 4-5。

设备参数　　表 4-5

型号	ECX-1400-RTX2070Ti DM01
CPU	i7/i5/i3
e	6
内存	2 个 DDR4 2666MHz SO-DIMM,最高支持 64GB (ECC/Non-ECC)
硬盘	50G　SSD
显卡	英特尔® UHD Graphics P630/630 NVIDIA ® GeForce ® RTX 2070/1665
显卡接口	1 个 VGA:最高分辨率 1920 × 1200 @ 60Hz 1 个 HDMI:最高分辨率 4096 × 2304 @ 60Hz 2 个 DVI:最高分辨率 1920 × 1200 @ 60Hz 5 个 DisplayPort:最高分辨率 4096 × 2304 @ 60Hz
存储	4 个 SATA Ⅲ (6Gbps),支持软件 RAID 0,1,5,10 2 个 SATA Ⅲ (Mini PCIe Type,6Gbps) 1 个 M.2 Key B 插槽 1 个 CFast 卡插槽,Push-in/Push-out Ejector 4 个外部 2.5 寸(约 8.33cm)硬盘抽取盒
电源	12 ~ 36V 直流输入 接口:3 针端子:V + 、V - 、外壳接地 16 个模式 (内部) 3 针端子:On、Off、IGN 最高瞬间电压 80V/ms
音频	Realtek ALC892,5.1 声道高清音频 1 个麦克风输入、1 个音频输出
I/O 接口	4 个 RS-232/RS 422/RS 485 串口 (ESD 8KV) 6 个外部 USB 3.1 1 个内部 USB 2.0
ee	35W TDP CPU: - 20 ~ 60℃ 65W TDP CPU: - 20 ~ 55℃ 80W TDP CPU: - 20 ~ 45℃
储存温度	- 40 ~ 85℃
以太网	LAN1 LAN2 英特尔® I219LM 以太网控制器,支持 iAMT 12.0 英特尔® I210 以太网控制器
PoE	LAN 3 ~ LAN 6 英特尔® I350 以太网控制器,支持 IEEE 802.3 PoE
电源	12 ~ 36V 直流输入浪涌保护:最高瞬间电压 80V/ms

4.4.2.2 存储数据库

云端交通运行环境监测系统包括存储数据库、通信服务器和应用系统软件三部分。基于 B/S 架构开发的应用系统按照网络拓扑结构划分为数据库、通信服务器和软件功能实现三个部分。

存储数据库主要实现静态、动态数据模型以及关系数据库搭建、数据存储等功能；通信服务器主要通过 Socket 程序实现云端与雾端的数据传输；应用系统软件基于 Web 网页版开发，实现交通运行风险诊断、交通拥堵时间评估、风险状态预测以及决策信息发布等功能。

存储数据库是整个监控管理系统进行数据交互的中间纽带，它一方面接收雾端路侧单元的实时信息，另一方面将数据提供给监测系统软件，是系统各种功能的数据支撑，是系统运行的核心所在。系统的数据与信息流大致分为两类：一类是由终端流向监控系统的数据信息，其中包括风速风向、能见度、温度湿度、交通量、车速、车头时距、报警信息等，这些称为上行数据与信息流；另一类是由监控系统应用服务器流向主站的数据和信息流，其中包括发送的各种指令和环境实时状态的获取命令，这些称为下行数据和信息流。

上行数据与信息流中的传感器设备基本信息、道路信息以及报警信息都需要长久保存，因此，采用数据库对其进行保存显得十分必要。根据运行管理系统的功能特点，将设计的数据表划分为用户信息表（UserInfo）、设备信息表（DevInfo）、实时信息表（RealTimeData）、历史信息表（HistoryData）、命令信息表（Command），如图 4-23 所示。

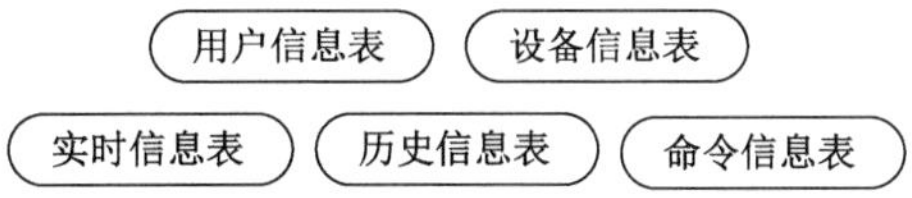

图 4-23　系统数据表（SQL Server 2005）

1）交通信息数据库

（1）道路信息，包括存储路况、车道、早晚高峰、道路车流量等数据信息。

（2）车辆信息，车牌号码、车牌颜色、车辆图片、车牌图片、车身颜色、车辆类型、号牌种类等车辆基础信息。

（3）地理信息系统（Geographic Information System，GIS）资源库，包括存储市的 GIS 地图数据，包含各卡口、电警、非现场处罚等在 GIS 地图上所标记的相关资源信息。

（4）视频信息库，包括存储各交通枢纽、收费站所拍摄的路口过车的视频。

（5）服务信息库，包括存储全市跟车辆相关的服务类信息，包括救援车辆、救援单位出警等。

（6）交通违法信息库，集中保存交通违法信息。

（7）交通事件库，集中保存交通事件信息，其中包含交通事件分类和交通事件发生过程中的描述信息等。

2）气象信息数据库

（1）能见度信息库。存储检测系统收集到的历史能见度信息，各风险点历史数据可直接提取并绘制成历史曲线报表。

(2)结冰信息库。存储检测系统收集到的历史路面结冰信息,各风险点历史数据可直接提取并绘制成历史曲线报表。

(3)降雨雪信息库。存储检测系统收集到的历史降雨雪信息,各风险点历史数据可直接提取并绘制成历史曲线报表。

4.5 云雾运算规则

4.5.1 雾端多源数据融合

交通运行数据融合包括多传感器采集数据的取舍、补充、修改、分析和决策等,并生成融合计算结果。视觉相机和毫米波雷达分别针对观测目标收集数据,通过识别提取算法进行特征提取与模式识别处理,并将目标按类别进行准确关联,应用卡尔曼滤波算法进行最优估计,通过时空匹配算法实现坐标变换,将雷视目标特征融合,发送给云端。交通运行状态数据融合流程如图4-24所示。

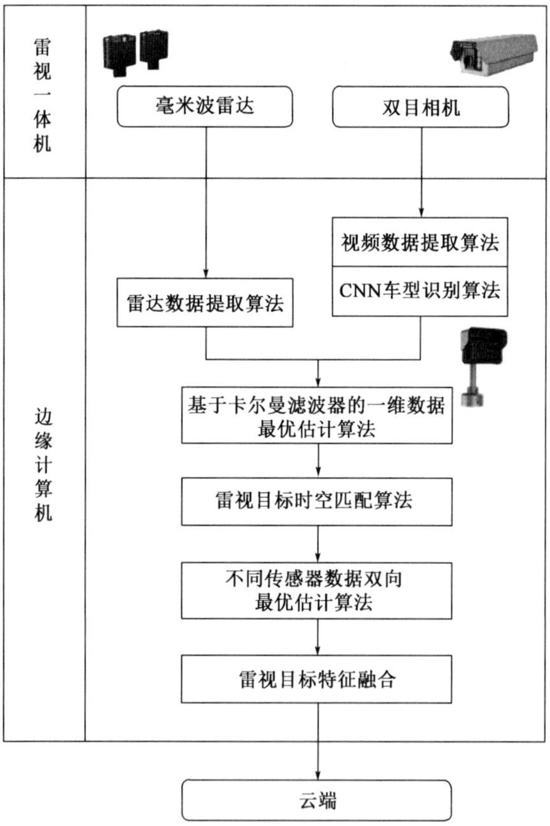

图4-24 交通运行状态数据融合流程

4.5.1.1　数据空间融合

将毫米波雷达探测到的空间中一点，准确投影到相机采集到的图像平面中的点上，涉及毫米波雷达坐标系、世界坐标系、相机坐标系、图像坐标系和像素坐标系共五个坐标系之间的转换。通过计算机视觉理论和相机模型，可得到与相机有关的四个坐标系之间的转换关系，并借助张正友相机标定法，获得转换关系中的相机内部参数与外部参数值，从而实现世界坐标系到像素坐标系的转换。而毫米波雷达坐标系与世界坐标系的转换，则需要对毫米波雷达和相机安装位置关系的测量进行计算得到。由此以世界坐标系为桥梁，得到毫米波坐标系与相机坐标系的转换关系。上述五个坐标系之间的转换关系如图 4-25 所示。

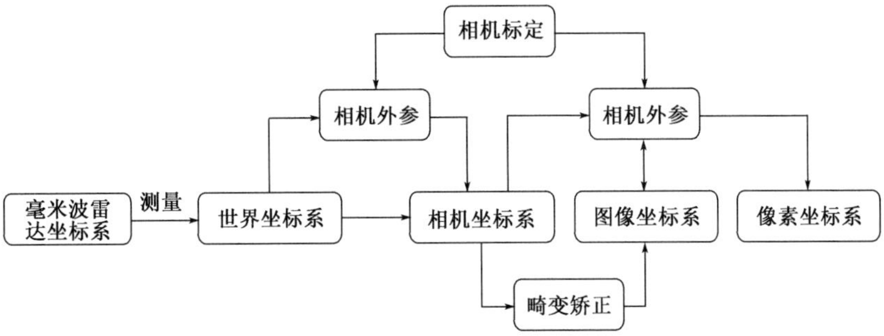

图 4-25　各坐标之间的转换关系

毫米波雷达坐标系、世界坐标系和相机坐标系之间的相对位置关系如图 4-26 所示。

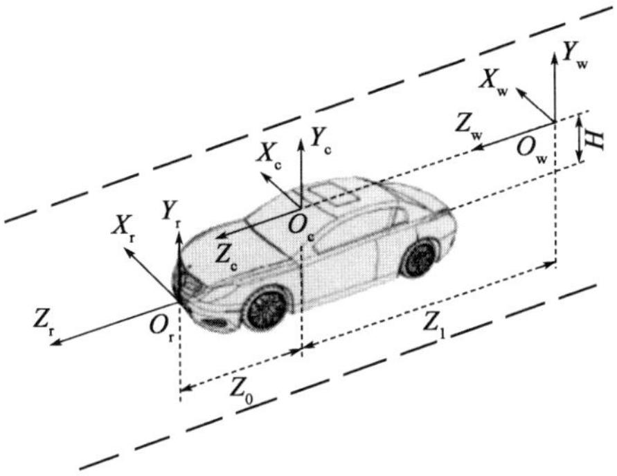

图 4-26　毫米波雷达坐标系、相机坐标系和世界坐标系位置关系

图 4-26 中，毫米波雷达坐标系为 $O_r-X_rY_rZ_r$，世界坐标系为 $O_w-X_wY_wZ_w$，相机坐标系为 $O_c-X_cY_cZ_c$，这三个坐标系的 YOZ 平面重合，XOY 平面相互平行，世界坐标系与相机坐标系的 XOZ 平面重合且与雷达坐标系的 XOZ 平面平行。Z_0、Z_1 分别为雷达坐标系与相机坐标系、相机坐标系与世界坐标系在 Z 轴方向的距离，H 为雷达坐标系与相机坐标系和世界坐标系在 Y 轴方向的距离。

由于毫米波雷达与相机安装位置相对固定，因此可得到雷达坐标系 $P(R,\alpha)$ 与相机坐标系 $P(X_c,Y_c,Z_c)$ 的转换关系，见式(4-1)。

$$
\begin{cases}
X_c = R \times \sin\alpha \\
Y_c = -H \\
Z_c = Z_0 + R \times \cos\alpha
\end{cases}
\tag{4-1}
$$

改写为矩阵形式,见式(4-2)。

$$
\begin{bmatrix} X_c \\ Z_c \\ Y_c \\ 1 \end{bmatrix} = \begin{bmatrix} R\,0\,0\,0 \\ 0\,0\,0\,0 \\ 0\,0\,0\,0 \\ 0\,R\,0\,0 \end{bmatrix} \begin{bmatrix} \sin\alpha \\ \cos\alpha \\ 1 \\ 1 \end{bmatrix} + \begin{bmatrix} 0 \\ -H \\ Z_0 \\ 1 \end{bmatrix}
\tag{4-2}
$$

假设相机模型为理想的线性针孔模型,根据相机坐标系与图像坐标系的转换关系,可以得到 P 点未进行畸变校正前的图像坐标 $P(x,y)$,见式(4-3)。

$$
Z_c \begin{bmatrix} x \\ y \\ 1 \end{bmatrix} = \begin{bmatrix} f\,0\,0\,0 \\ 0\,f\,0\,0 \\ 0\,0\,1\,0 \end{bmatrix} \begin{bmatrix} X_c \\ Z_c \\ Y_c \\ 1 \end{bmatrix}
\tag{4-3}
$$

考虑到由于相机镜头畸变影响,相机采集到的图像与真实图像存在偏差,因此需要对图像坐标进行畸变校正,得到去畸变后的图像坐标 $P(x',y')$ 见式(4-4)。

$$
\begin{cases}
x' = x + (k_1xr^2 + k_2xr^4 + k_3xr^6) + [p_2(2x^2 + r^2) + 2p_1xy] \\
y' = y + (k_1yr^2 + k_2yr^4 + k_3yr^6) + [p_1(2y^2 + r^2) + 2p_2xy]
\end{cases}
\tag{4-4}
$$

得到去畸变后的图像坐标后,通过图像坐标系与像素坐标系的转换关系,得到 P 点在图像中的实际像素位置坐标 $P(u',v')$,见式(4-5)。

$$
\begin{bmatrix} u' \\ v' \\ 1 \end{bmatrix} = \begin{bmatrix} \frac{1}{\mathrm{d}x} & 0 & u_0 \\ 0 & \frac{1}{\mathrm{d}y} & v_0 \\ 0 & 0 & 1 \end{bmatrix} \begin{bmatrix} x' \\ y' \\ 1 \end{bmatrix}
\tag{4-5}
$$

得到毫米波雷达探测目标的距离 R 和角度 α 信息后,使用张正友相机标定法,获得相机的焦距、主点坐标、畸变参数等内部参数,然后按照以上方法进行计算,便可得到该目标在图像中的投影坐标,实现雷达坐标系 $P(R,\alpha)$ 向像素坐标系 $P(u',v')$ 的转换。

具体转换算法编程实现如图 4-27 所示。

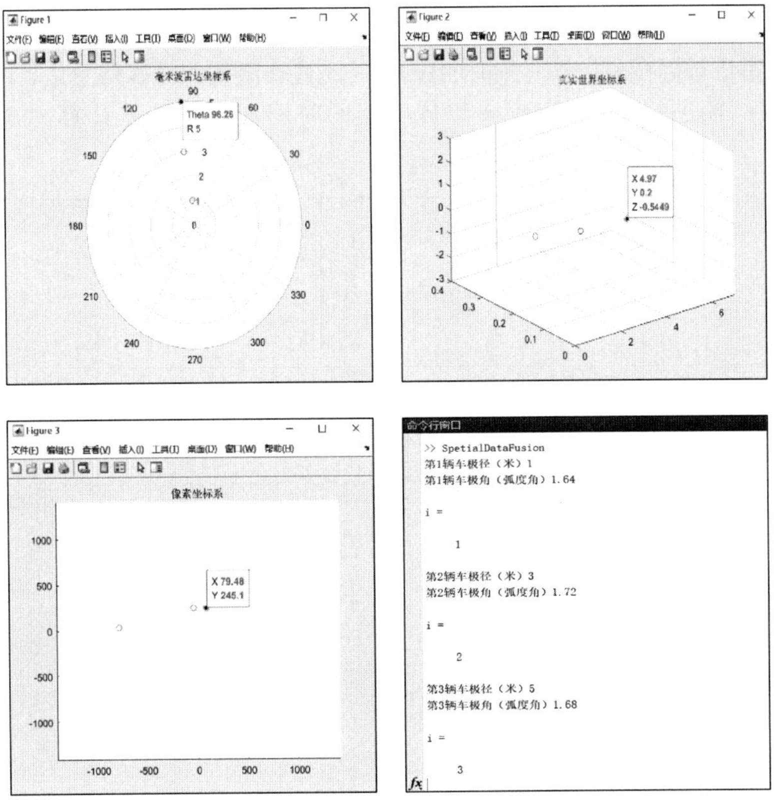

图 4-27　雷视坐标转换算法程序运行图

4.5.1.2　数据时间融合

雷达和视觉信息除在空间上需要进行融合，还需要传感器在时间上同步采集数据，实现时间的融合。时间融合采用内插外推法，即用一个传感器适配另一个传感器，利用两个传感器帧上的时间标签，通过时间标签计算出时间差，利用包含有运动信息的目标帧与时间差的结合，对帧中的每一个目标的位置进行推算，推断到新的帧时各个目标的位置。这也就相当于在原有的两帧之间建立新的一帧。时间融合算法如图 4-28 所示。

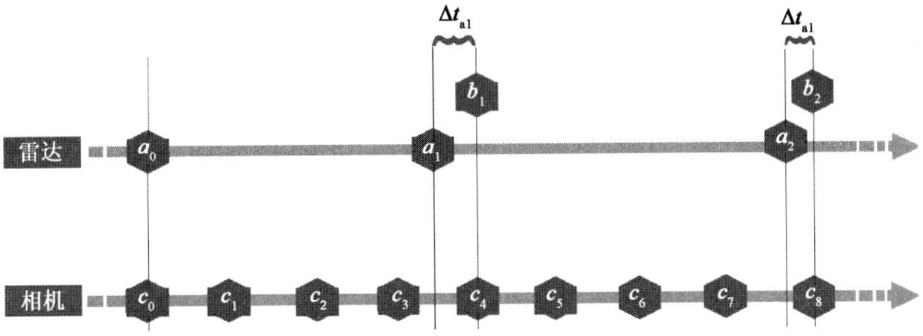

图 4-28　时间融合算法

建立毫米波雷达与相机的时间同步模型,利用雷达数据向相机数据推进,算法过程如下:当收取雷达帧时,进入等待状态,当下一帧图像到来时,记录下它们的时间差,利用雷达帧中的速度信息计算雷达目标在图像帧时刻时的位置,将这些新时刻的目标认为是新的帧,从而对新的雷达帧与相机帧进行融合,完成异源传感器的时间同步。具体计算方法见式(4-6)、式(4-7)。

$$Q = \Delta T \times \begin{bmatrix} V_{Xa1} & 0 & \cdots & 0 \\ \cdots & V_{Xa2} & \cdots & 0 \\ \cdots & \cdots & \cdots & \cdots \\ 0 & 0 & \cdots & V_{Xam} \end{bmatrix} + \begin{bmatrix} X_{a1} & X_{a2} & \cdots & X_{an} \\ X_{a1} & X_{a2} & \cdots & X_{an} \\ \cdots & \cdots & \cdots & \cdots \\ X_{a1} & X_{a2} & \cdots & X_{an} \end{bmatrix} \tag{4-6}$$

$$P = \Delta T \times \begin{bmatrix} V_{ya1} & 0 & \cdots & 0 \\ \cdots & V_{ya2} & \cdots & 0 \\ \cdots & \cdots & \cdots & \cdots \\ 0 & 0 & \cdots & V_{yam} \end{bmatrix} + \begin{bmatrix} Y_{a1} & Y_{a2} & \cdots & Y_{an} \\ Y_{a1} & Y_{a2} & \cdots & Y_{an} \\ \cdots & \cdots & \cdots & \cdots \\ Y_{a1} & Y_{a2} & \cdots & Y_{an} \end{bmatrix} \tag{4-7}$$

式中: $Q = \begin{bmatrix} X_{a1b1} & X_{a2b1} & \cdots & X_{anb1} \\ X_{a1b2} & X_{a2b2} & \cdots & X_{anb2} \\ \cdots & \cdots & \cdots & \cdots \\ X_{a1bm} & X_{a2bm} & \cdots & X_{anbm} \end{bmatrix}$——融合数据帧的横坐标值;

$P = \begin{bmatrix} Y_{a1b1} & Y_{a2b1} & \cdots & Y_{anb1} \\ Y_{a1b2} & Y_{a2b2} & \cdots & Y_{anb2} \\ \cdots & \cdots & \cdots & \cdots \\ Y_{a1bm} & Y_{a2bm} & \cdots & Y_{anbm} \end{bmatrix}$——融合数据帧的纵坐标值;

$\Delta T = \begin{bmatrix} T_{b1} - T_{a1} & T_{b1} - T_{a2} & \cdots & T_{b1} - T_{an} \\ T_{b2} - T_{a1} & T_{b2} - T_{a2} & \cdots & T_{b2} - T_{an} \\ \cdots & \cdots & \cdots & \cdots \\ T_{bm} - T_{a1} & T_{bm} - T_{a2} & \cdots & T_{bm} - T_{am} \end{bmatrix}$——相同步的两帧数据时间差;

X_{ai}——雷达数据帧的横坐标值,$i = 1,2,\cdots,n$;

X_{bi}——与相机数据帧同时的新插入帧的横坐标值,$i = 1,2,\cdots,n$;

Y_{ai}——雷达数据帧的纵坐标值,$i = 1,2,\cdots,n$;

Y_{bi}——与相机数据帧同时的新插入帧的纵坐标值,$i = 1,2,\cdots,m$;

V_{xai}——雷达所接收的数据帧的横坐标值,$i = 1,2,\cdots,m$;

V_{yai}——雷达所接收的数据帧的纵坐标值,$i = 1,2,\cdots,n$。

4.5.2 云雾通信流程

4.5.2.1 Socket 通信方法

Socket 是支持 TCP/IP 协议的网络通信的基本操作单元,是网络通信过程中端点的抽象表示,包括连接协议、IP 地址、本地进程的协议端口、远程主机的 IP 地址以及远程进程协议的网络通信信息。

当应用层通过传输层传递数据时,TCP 遇到了同时为多个应用进程提供并发服务的问题。多个 TCP 连接或多个应用程序进程可能需要通过相同的 TCP 协议端口传输数据。为了区分不同的应用程序进程和连接,许多计算机操作系统为应用程序提供了与 TCP/IP 协议交互的套接字接口。应用层可以通过 Socket 接口与传输层通信,以区分不同应用进程或网络连接的通信,并实现数据传输的并发服务。

套接字之间的连接过程分为三个步骤:服务器侦听、客户端请求和连接确认。

服务器侦听:当服务器端套接字找不到特定的客户端套接字时,系统将处于等待连接状态,实时监控网络状态,等待来自客户端的连接请求。

客户端请求:客户端的套接字发送连接请求,要连接的目标是服务器端套接字,所以客户端首先会将其描述为套接字在连接的服务器中,显示服务器端套接字的地址和端口号,然后向服务器端套接字发出连接请求。

连接确认:当服务器端套接字从客户端套接字侦听或接收时,它响应客户端套接字的请求,创建新线程,然后发送服务器端套接字的描述。套接字之间的连接过程如图 4-29 所示。

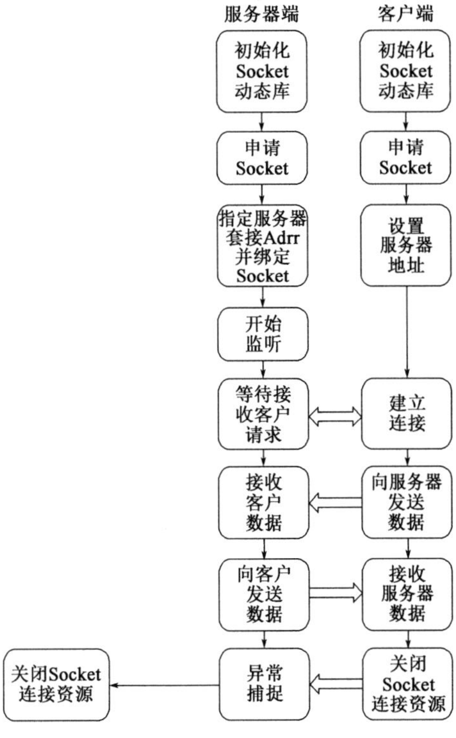

图 4-29 套接字之间的连接过程

当通信系统运行时,可能发生线路故障或线路掉线等异常情况,结合监视连接的数据流,如果套接字信息到达消息,但是没有在短时间内被接收,则会对通信异常情况进行判断,然后对异常处理进行执行命令,运用断点初始化、二次连接等方式,确保故障节点具有等同于服务器的数据信息,以便仿真系统稳定运行。通信监视流程如图4-30所示。

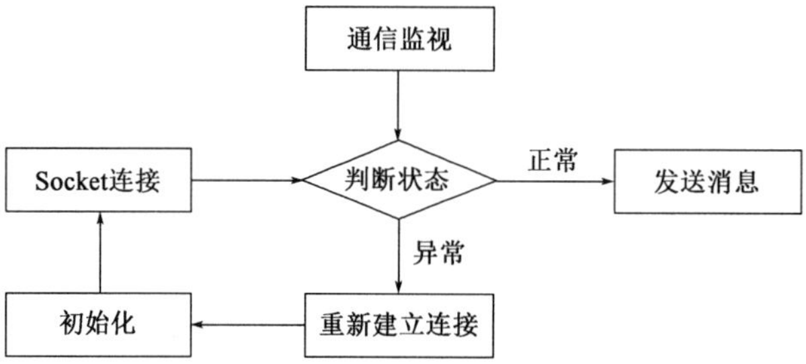

图4-30 通信监视流程

数据传输通过有线光纤和无线两种方式与室内服务器及平台实时通信,而RSU既可以通过串口与光纤接通,又支持移动物联网4G/5G数据业务,其直接通信距离0~1000m,可以覆盖路上一定范围的广播、可变信息标志、可变限速标志等路侧无线终端。不同数据传输通道的参数及属性见表4-6。

不同数据传输通道参数及属性　　表4-6

参数	类别		
	光纤	4G物联网卡	路侧单元(RSU)
覆盖距离	无限制	基站覆盖	直接通信距离0~1000m
向外无线	TCP/IP协议	TCP/IP协议	LTE-V2X PC5 WLAN 802.11b/n/g(2.4G)
同步授时	GPS/北斗+基站	GPS/北斗信号	GPS/北斗信号
通信接口	以太网、光纤	以太网、光纤	以太网、光纤
传输速度	数据专线最高可达500Mb/s	上行2.5~5Mb/s 下行10~12.5Mb/s	100Mb/s(向内边接百兆网络)
传输频率	可设置	可设置	1次/分钟(可设置)
数据格式	报文/流模式	报文/流模式	报文/流模式
数据量	无限量	无限量	内存芯片容量1GB,闪存芯片容量8GB
备注	—	—	支持中国联通、中国移动、中国电信4G业务

4.5.2.2 雾端通信流程

雾端发送程序首先调用socket( )建立Socket函数,利用connect( )函数设立连接端口向云端发送连接请求,并读取云端发送的确认连接信息。雾端与云端利用send( )和recv( )实现文件的收发过程,雾端将前端传感器1min内采集到的全息数据整理成.csv格式的文件后,通过send( )命令发送至云端,待文件发送完毕后,使用sleep( )命令休眠1min,等待下一个.csv文件的生成。编程流程图如图4-31所示。

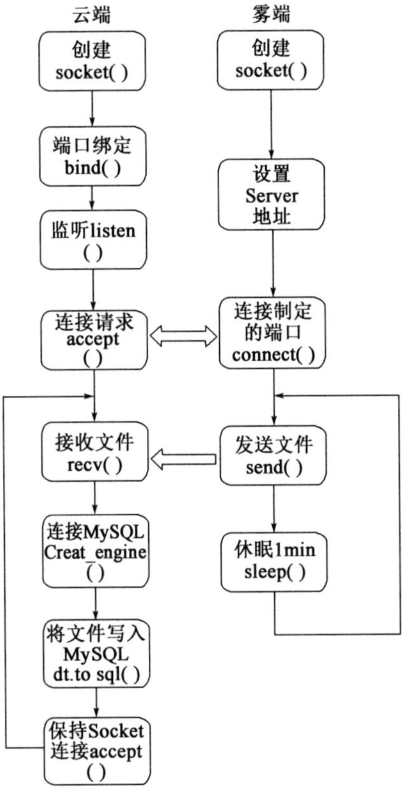

图 4-31　Socket 通信编程流程图

4.5.2.3　云端接收流程

云端接收程序首先调用 socket( )建立一个 Socket 函数，对其端口和 IP 地址进行设置，并使用 bind( )函数建立连接；再调用 listen( )建立监听函数，检测是否有客户端向服务器发送请求，若有，则利用 accept( )函数接受连接；待连接成功后向客户端发送确认连接的提示信息，当客户端发送文件时通过 recv( )命令接收，预先在 Creat_engine( )命令中设定好 MySQL 数据库的地址、端口、用户名、密码等信息，接收到文件后直接调用 Creat_engine( )连接至云端 MySQL 数据库，再通过 df. to_sql( )命令将. csv 文件上传至数据库，然后保持 Socket 连接并等待接收下一个文件。云端接收程序运行实例如图 4-32 所示。

因此，构建风险管控平台要对信息数据在路侧端和平台端的融合及其预测层级作出划分，明确哪些内容在路侧端进行计算融合并发布、哪些信息要经传回平台端计算融合再发布。感知数据在路侧端进行融合，通过无线、光纤等传输方式发送到平台端(监控中心)，路侧端数据库平台传输进行备份；通过监控中心决策库进行风险分析计算，计算结果再通过路侧端发布设备(可变信息板等)发布决策信息；变化后的天气、交通量信息通过路侧端再次上传至平台端，经过信息处理、决策分析后，相关决策结果又会通过路侧端发布设备发布。感应数据传输流程如图 4-33所示。

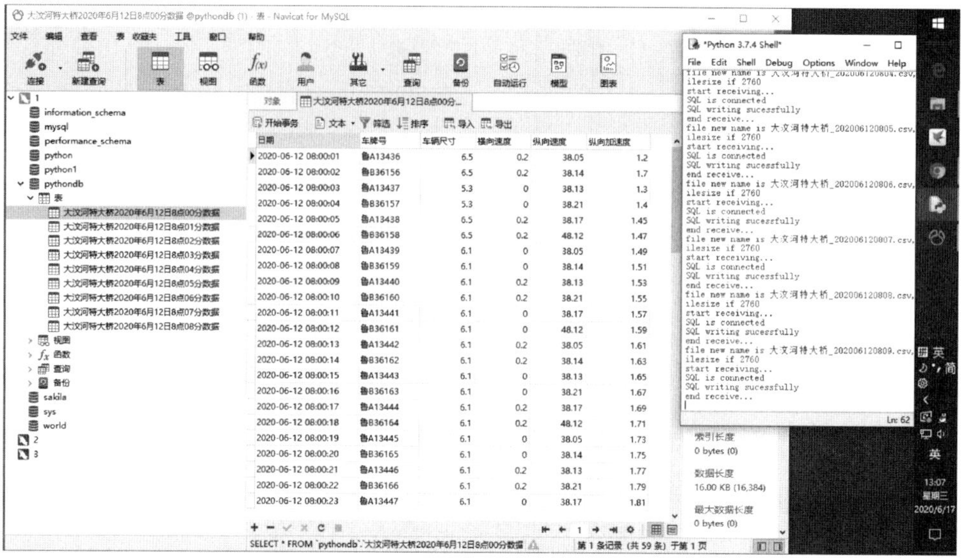

图 4-32　云端接收程序运行实例

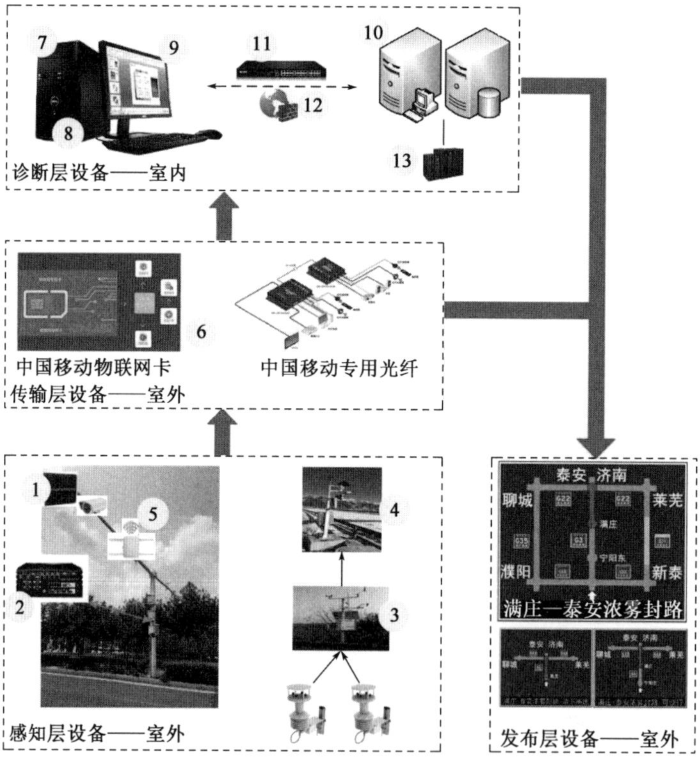

图 4-33　感应数据传输流程示意图

1-微波雷达与视觉相机;2-边缘计算机;3-气象全要素传感器;4-遥感式路面状态传感器;5-RSU 发布设备;6-光纤传输线路;7-诊断层设备主机;8-诊断层设备硬盘;9-显示屏;10-数据中台;11-汇聚路由器;12-防火墙;13-硬盘阵列

4.6 本章小结

本章基于高速公路运行环境监测技术,确定了气象环境监测的设备选型与设备布设原则以及交通运行状态监测的设备选型与设备布设原则,介绍了基于移动式的交通气象环境监测技术与交通运行状态监测技术。此外,本章还确定了雾端边缘计算机与云端管控平台间的数据传输存储设备以及技术方法,制定了云雾运算规则,具体包括雾端多源异构数据融合方法以及云雾通信流程。

第5章

高速公路运行环境数据模型

目前,面向运行风险管控的高速公路数据模型还处于探索阶段,现有相关技术尚未成熟。与设计、施工及养护不同,高速公路运行风险管控期有着特定数据模型需求,在数据类别、信息深度、数据编码等方面都有差异。本章给出高速公路运行环境数据模型。

5.1 运行环境描述模型架构

系统工程中对于系统结构的定义是:系统内部各组成部分之间在空间、时间等方面的有机联系,相互作用的组织机构、方式和秩序,当系统处于尚未运行或停止运行的静止状态时,构成系统的各单元的实体组合,即为系统的物理结构。而对于道路交通系统,物理结构影响着其运行结构,物理结构可影响交通运行时间和路径选择等交通参数。因此,高速公路网总体结构可按图5-1进行分解,包括高速公路网物理结构和运行结构。

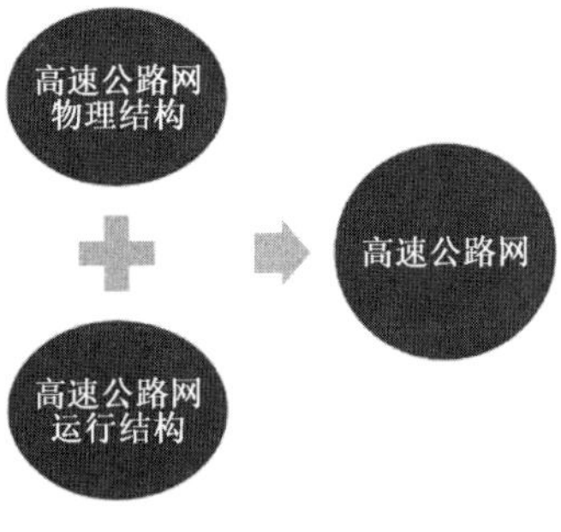

图5-1　高速公路网总体结构分解

5.1.1 物理结构

高速路网物理结构由其处于静止状态时的各实体组成。我国交通运输部颁布的行业标准《公路工程信息模型应用统一标准》(JTG/T 2420—2021)、《公路工程设计信息模型应用标准》

（JTG/T 2421—2021）、《公路工程施工信息模型应用标准》（JTG/T 2422—2021）等标准分别规定了公路工程设计、施工、养护阶段的信息模型技术要求。对于新建公路，全寿命周期内后一阶段的信息模型应在前一阶段信息模型的基础上通过继承、扩展和补充进行建立，并应随着后一阶段的过程不断进行更新。例如，"养护阶段的信息模型应在施工阶段交工验收模型的基础上通过继承、扩展和补充进行建立，并随养护过程不断进行更新"。基于此，提出新建高速公路运行风险管控期信息模型的建立方式，即在设计、施工、养护阶段信息模型的基础上通过继承、扩展和补充进行建立，并随着运行风险管控的过程不断进行更新。截至2020年末，我国在役高速公路里程达16.10万km，且在此之前信息模型技术研究和应用缺乏，没有行业统一的信息模型标准。因此，对于体量庞大的在役高速公路，其在运行风险管控期的信息模型如何建立就成了一个亟须解决的问题。同时，对于新建公路在运行风险管控期，其信息模型可以继承于养护阶段信息模型，但是如何扩展和补充目前研究和标准中尚未有定论。综上，无论是对于在役高速公路还是新建高速公路，如何建立其运行风险管控期的信息模型都是一个尚未解决而又亟须解决的问题。

对于继承于前一阶段的信息模型，现有研究和标准中已有详细规定，此处不再过多赘述。本书重点从满足运行风险管控需求的角度，描述现代高速公路的物理结构和运行结构，一方面是对前一阶段信息模型的扩展和补充，另一方面也是为大量在役高速公路运行风险管控期信息模型的建立提供依据。随着交通出行需求的激增和信息技术的快速发展，现代高速公路出现了自动驾驶专用车道、客/货车专用车道、轻型车道等新型路权划分方式，同时还有雷达、视觉相机、路侧通信和计算单元、新型诱导和信息发布设备等先进的信息采集、传输和发布设施。这些都是现代高速公路物理结构的新内容，在构建高速公路运行环境描述模型时应将上述因素考虑在内。按照由宏观到微观、由广域到细节、由整体到局部的逻辑，面向高速公路网运行风险管控，从运营管理者的角度出发，将高速公路划分为路网维度、路段维度、车道维度这三个层面。高速公路的物理结构描述模型如图5-2所示。

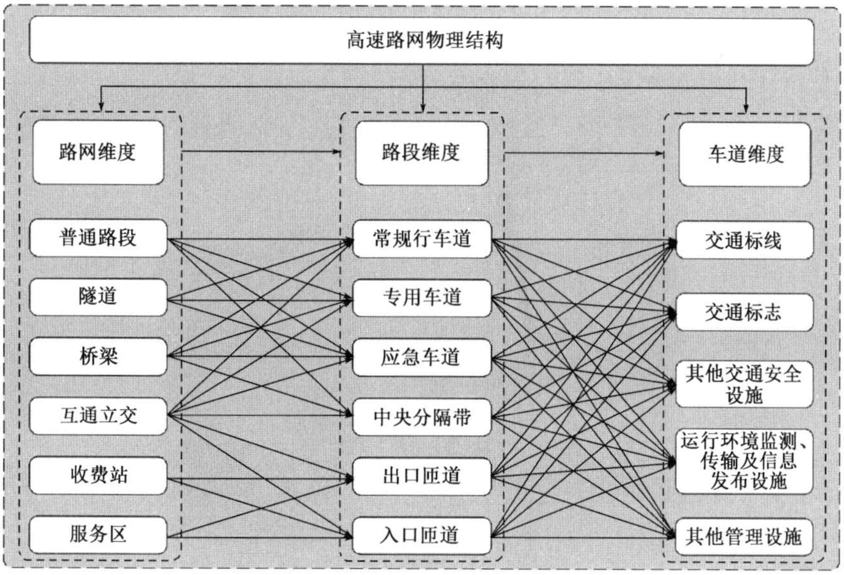

图5-2　高速公路物理结构描述模型

从宏观高速公路网层面看,互通式立交、收费站和服务区是路网中交通流的分流点和变化点,在这些点位处,路网中的交通流可以驶入或驶出,这些点位是可实施宏观运行风险控制策略的落实点位,因此将这些物理要素划入路网维度的物理结构中。对于隧道和桥梁,它们被视为重大公路交通基础设施,是公路交通生命线的重要组成部分,这些设施是否正常安全运营对于整个高速公路网的安全、畅通和高效具有决定性意义。而在这些关键性点位中间的路段则是普通的高速公路路段,占据着路网中绝大部分范围,从关键点位的角度看起到了将重大设施联结起来的作用。综上,依据基础设施类型和基本功能的不同,同时考虑宏观运行风险管控策略的可实施性,定义高速公路在路网维度包含的物理要素有普通路段、互通式立交、桥梁、隧道、收费站、服务区,如图 5-3 所示。

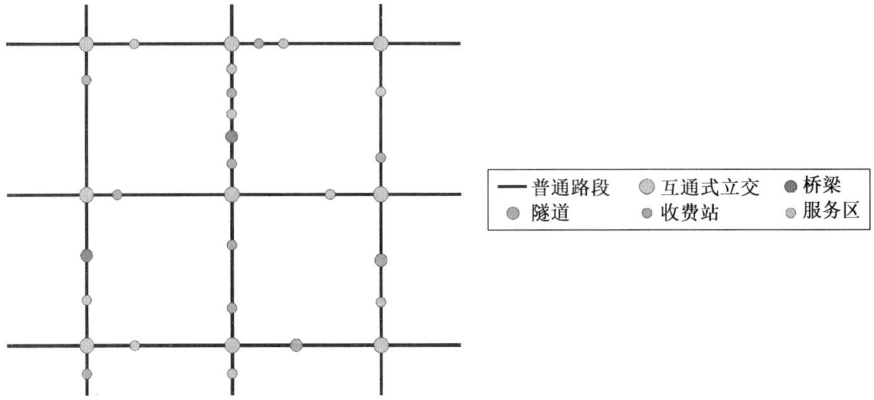

图 5-3　路网维度示意图

从路网维度再往细部分,则是路段维度。图 5-3 可以看作是多个普通路段和节点共同组成了一个路网,每一个节点在更细一级的层面上都是一个路段,而每一个路段则由多个车道组成。现代交通出行需求的激增致使现代高速公路的车道数量越来越多,如双向八车道、双向十车道的高速公路越来越多;同时,车道功能越来越精细,出现了自动驾驶专用车道、轻型车专用车道、客/货车专用车道等新型车道形式。为实施精细化的运行管控和提高路网通行效率,将路段视为由不同车道组合而成的实体。梳理现代路网中各类路段存在的车道形式,将高速公路路段维度包含的物理元素划分为常规行车道、专用车道、应急车道、中央分隔带、出口匝道、入口匝道六类。图 5-4 是以普通路段为例说明其包含的物理要素。

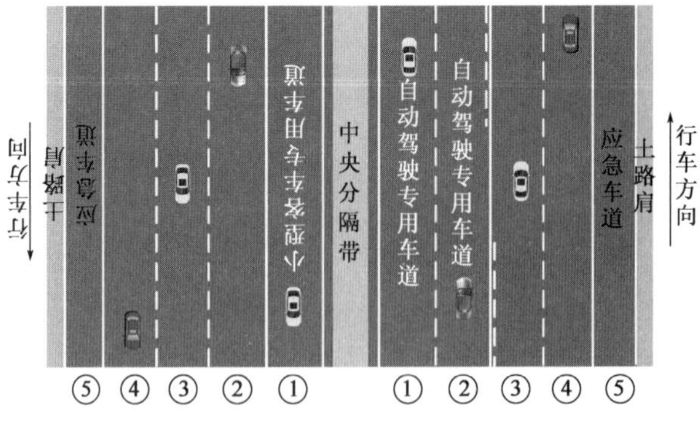

图 5-4　路段维度示意图(普通路段)

从车流运动的角度考虑，高速公路可被看作是一种有方向性的、分车道渠化的交通载运工具运行的物理载体，而车道则是其有向交通流的最小载体单元。在一定的长度范围内，每条车道内的车流在规定的横向宽度内向前有序移动，在纵向（行进方向）上具有一定的均质性；而在横向上，由于车辆换道、超车等驾驶行为和车道功能划分等原因，不同车道内的车流则存在车速差异、车型差异、交通路权差异，具有一定的异质性。每条车道两侧都有交通标线，车道上方都设有交通标志；同时，交通标志标线还是路权划分规则的主要交通语言载体，在车道维度首先考虑的物理元素就是交通标志和交通标线。现代高速公路交通标线形式既包括传统的虚线（“69 线”），也包括新型虚实线（允许单侧变道）、实线（不允许变道）；限速、诱导、车道控制等标志也都可以做到分车道的，故将标志、标线归类于车道维度。交通流监测设备、气象环境和路面状态监测设备可以区分车道，采集不同车道的交通流数据、路面状态数据等交通运行参数。此外，对于信息计算与传输设备，如边缘计算机、路侧通信单元，也是对应着某个特定的车道运行状态，针对某一个或多个特定车道上的车辆进行精准信息交互。为了与实施车道级运行风险管控策略匹配，将交通标志标线等交通安全设施，气象、交通流信息监测、传输和发布设施，以及其他管理设施都归类于车道维度。图 5-5 以自动驾驶专用车道为例，从运行风险管控的角度梳理出了其包含的主要物理要素：虚线、实虚线、实线、虚实线，可变信息标志（分车道指示和控制标志），RSU、边缘计算机、雷达、视觉相机、气象监测仪。

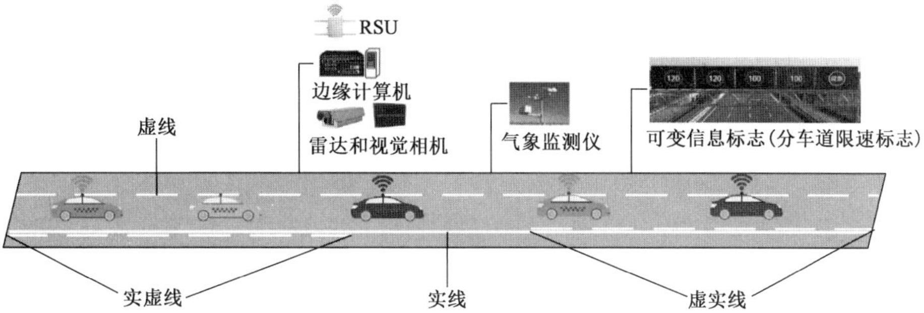

图 5-5　车道维度示意图（自动驾驶专用车道）

5.1.2　运行结构

依据系统工程理论，与物理结构对应，当系统处于运行的非静止状态时，构成系统的各动态要素的组合，即为系统的运行结构。因此，构建高速公路的运行结构，要确定高速公路系统中的动态要素类别及其变化频率、逻辑关系等内容。高速公路运行结构应按路权与拓扑结构、车流状态与气象环境三个层面进行分解，如图 5-6 所示。

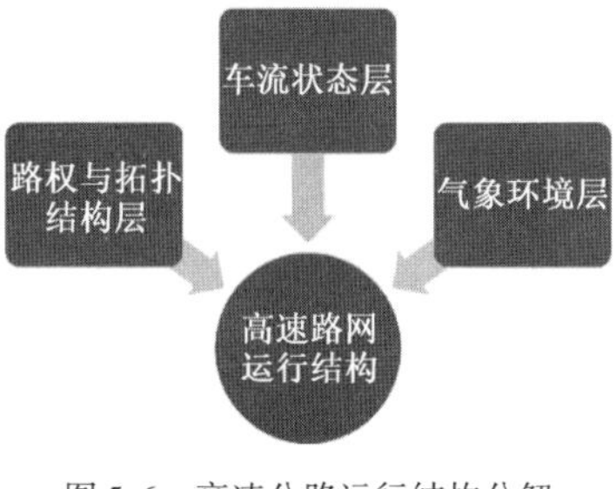

图 5-6　高速公路运行结构分解

以京台高速公路互通式立交为例,描述其路权及拓扑结构运行结构如图5-7所示。

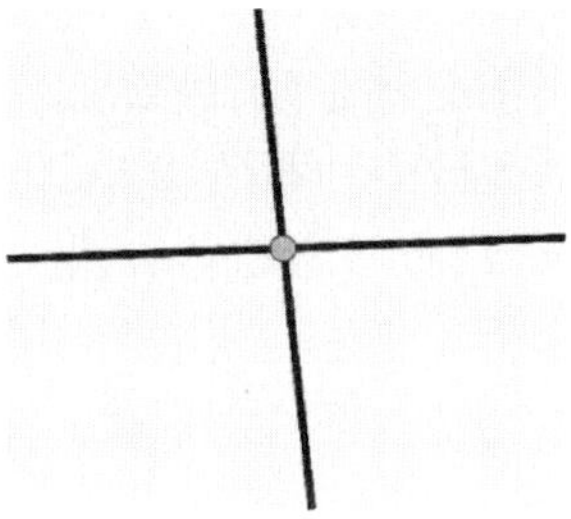

a)路网维度

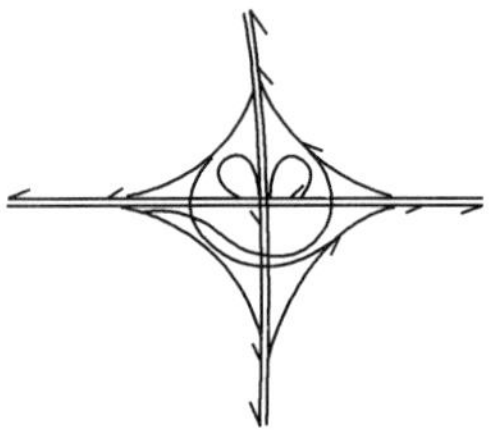

b)路段维度

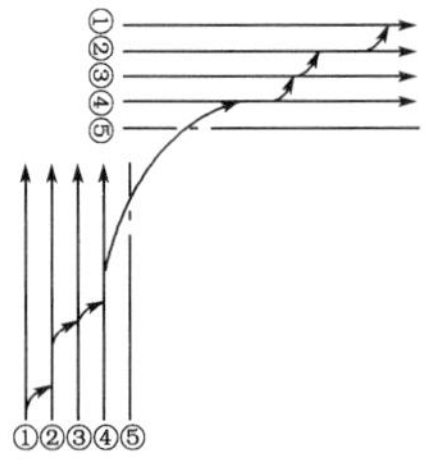

c)车道维度(京台公路高速上行右转分流方向)

图5-7 高速公路在多维度下的拓扑结构(互通式立交)

在图5-7中,路网、路段和车道三个维度是与上小节物理结构对应的。在路网维度上,互通式立交在拓扑结构中是一个点。在路段维度上,互通式立交可分为多个有向路段,每个有向路段代表了车辆可通行的位置及方向,全部有向路段按一定的规则连接在一起构成互通式立交。在车道维度上,每个有向路段可划分为多个带有约束性的车道,依据车道之间的标线类型决定了其间的连通性,如实线不允许变道、虚实线表示允许单侧变道。基于上述多维度描述模型,即可以对互通式立交的路权与拓扑结构进行刻画。

按照同样的思路,普通路段的拓扑结构可描述为图5-8。

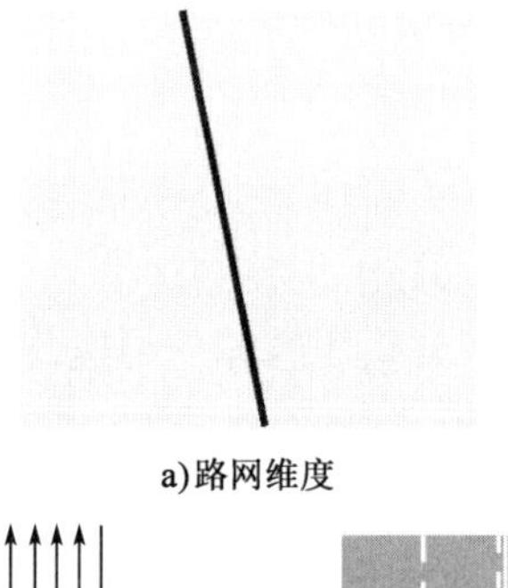

a)路网维度

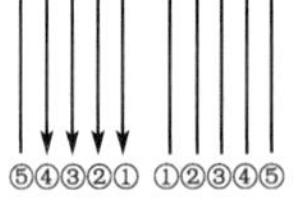

b)路段维度

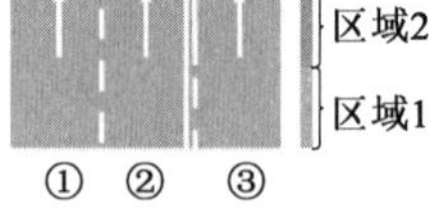

c)车道维度(2条专用车道与1条相邻车道)

图5-8 高速公路在多维度下的拓扑结构(普通路段)

图5-8与图5-4描述的路段物理结构对应。以右幅①②③车道为例(①、②车道为自动驾驶专用车道,③为普通车道),①与②之间是虚线,表示这两条自动驾驶车道之间可相互换道。而②与③之间的交通标线则分成了三段:区域1为左实右虚线,表示可向左侧换道;区域2为实线,表示不可换道;区域3为左虚右实线,表示可向右侧变道。现代局域高速公路常用交通标线类型及其交通运行规则总结见表5-1。

高速公路常用交通标线类型及其交通运行规则　　表5-1

类型	图例	车辆行驶规则	常用位置
虚线		允许向左和向右双向跨线变道	常规车道两侧
实线	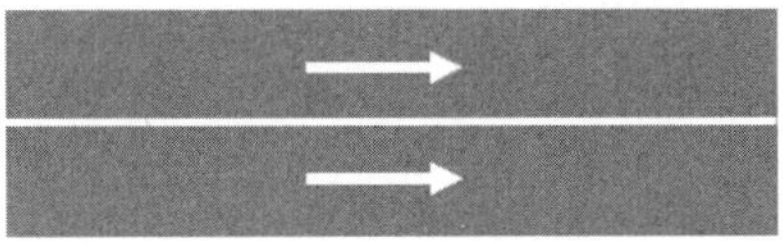	不允许跨线变道	专用车道右侧常规路段;应急车道左侧;边缘线;出入口交织区;桥梁、隧道段
左实右虚线		允许向左侧跨线变道,不允许向右侧跨线变道	专用车道右侧允许变道路段;入口变道段
左虚右实线	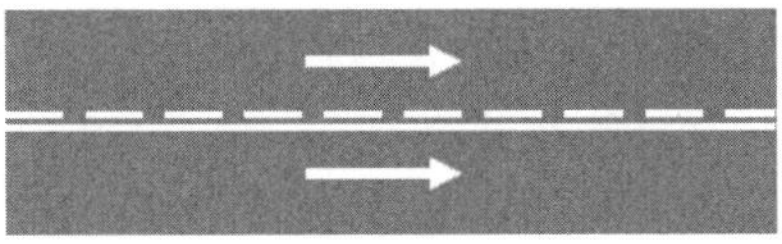	允许向右侧跨线变道,不允许向左侧跨线变道	专用车道右侧允许变道路段;出口变道段

进一步地,定义"可变道"用1表示、"不可变道"用0表示。那么,上述车道维度的路权和拓扑结构就可用矩阵表示,如图5-4中右侧的五个车道,其在不同工况下的车道连通性矩阵见表5-2。

车道连通性矩阵(单向四车道)　　表5-2

工况	区域1	区域2	区域3
正常情况	$\begin{pmatrix}1&1&0&0&0\\1&1&0&0&0\\1&1&1&1&0\\1&1&1&1&0\\0&0&0&0&1\end{pmatrix}$	$\begin{pmatrix}1&1&0&0&0\\1&1&0&0&0\\0&0&1&1&0\\0&0&1&1&0\\0&0&0&0&1\end{pmatrix}$	$\begin{pmatrix}1&1&1&1&0\\1&1&1&1&0\\0&0&1&1&0\\0&0&1&1&0\\0&0&0&0&1\end{pmatrix}$
右侧关闭1条车道(车道④)	$\begin{pmatrix}1&1&0&0&0\\1&1&0&0&0\\1&1&1&0&0\\0&0&0&0&0\\0&0&0&0&1\end{pmatrix}$	$\begin{pmatrix}1&1&0&0&0\\1&1&0&0&0\\0&0&1&0&0\\0&0&0&0&0\\0&0&0&0&1\end{pmatrix}$	$\begin{pmatrix}1&1&1&0&0\\1&1&1&0&0\\0&0&1&0&0\\0&0&0&0&0\\0&0&0&0&1\end{pmatrix}$

续上表

工况	区域1	区域2	区域3
右侧关闭2条车道 (车道③、④)	$\begin{pmatrix}1&1&0&0&0\\1&1&0&0&0\\0&0&0&0&0\\0&0&0&0&0\\0&0&0&0&1\end{pmatrix}$	$\begin{pmatrix}1&1&0&0&0\\1&1&0&0&0\\0&0&0&0&0\\0&0&0&0&0\\0&0&0&0&1\end{pmatrix}$	$\begin{pmatrix}1&1&0&0&0\\1&1&0&0&0\\0&0&0&0&0\\0&0&0&0&0\\0&0&0&0&1\end{pmatrix}$
右侧关闭3条车道 (车道②、③、④)	$\begin{pmatrix}1&0&0&0&0\\0&0&0&0&0\\0&0&0&0&0\\0&0&0&0&0\\0&0&0&0&1\end{pmatrix}$	$\begin{pmatrix}1&0&0&0&0\\0&0&0&0&0\\0&0&0&0&0\\0&0&0&0&0\\0&0&0&0&1\end{pmatrix}$	$\begin{pmatrix}1&0&0&0&0\\0&0&0&0&0\\0&0&0&0&0\\0&0&0&0&0\\0&0&0&0&1\end{pmatrix}$
右侧关闭4条车道 (车道①、②、③、④)	$\begin{pmatrix}0&0&0&0&0\\0&0&0&0&0\\0&0&0&0&0\\0&0&0&0&0\\0&0&0&0&1\end{pmatrix}$	$\begin{pmatrix}0&0&0&0&0\\0&0&0&0&0\\0&0&0&0&0\\0&0&0&0&0\\0&0&0&0&1\end{pmatrix}$	$\begin{pmatrix}0&0&0&0&0\\0&0&0&0&0\\0&0&0&0&0\\0&0&0&0&0\\0&0&0&0&1\end{pmatrix}$
开放应急车道	$\begin{pmatrix}1&1&0&0&0\\1&1&0&0&0\\1&1&1&1&1\\1&1&1&1&1\\1&1&1&1&1\end{pmatrix}$	$\begin{pmatrix}1&1&0&0&0\\1&1&0&0&0\\0&0&1&1&1\\0&0&1&1&1\\0&0&1&1&1\end{pmatrix}$	$\begin{pmatrix}1&1&1&1&1\\1&1&1&1&1\\0&0&1&1&1\\0&0&1&1&1\\0&0&1&1&1\end{pmatrix}$

按照上述方法即可对路权与拓扑结构层进行完整描述,此处不再赘述。而对于车流状态层和气象环境层,相应的雷达、视觉相机、气象监测仪等设施可精准检测如车流、车速及雨雾冰雪风等各类详细的车流和环境参数,这些参数可依附于物理结构进行描述,看成是物理结构的属性信息。只要描述清楚物理结构、车流状态和气象环境即可对应地描述清楚。

5.1.3 高速公路总体描述模型

对于高速公路系统,其物理结构可看作是运行结构的基础,视为高速公路系统结构的最底层。按照层次叠加的思路分析,以物理结构为底层往上分解,首先就是交通标志标线和管理设施等设施确定的路权层,该层也可视为高速公路的拓扑结构层,决定了车辆的行驶路线、转换节点、交通控制规则等运行结构参数。可变限速标志实时调控、交通标线定期养护施划、车道临时关闭或通行车型改变等管控措施都会导致路权及拓扑结构的变化,故路权及拓扑结构具有动态性,将其视为运行结构的第一层。其次,路权与拓扑结构层往上则是实时运行的车辆,由于交通出行需求差异,路网中每条道路上的交通量大小、车型比例等宏观参数在空间和时间层面都不尽相同;由于道路条件、交通流状态以及驾驶员风格差异,每个路段乃至每辆车的运行速度、加减速度、车道变换等中微观参数在空间和时间层面也不尽相同。车流在时间和空间层面上都具有实时动态变化的特性,故将交通流状态层视为运行结构的第二层。最后,车流状态层再往上则是实时动态变化的气象环境,受地形地质及时段的影响,路网中的气象环境参数在空间和时间层面并不相同,是实时动态变化的。此外,对于影响行驶安全性的路面摩擦因数、路面温度等道路铺面参数,受气象环境的影响最直接,会随着气象环境的改变而改变,因此,将这类参数与雨雾冰雪风等气象环境参数归为一类、视为一层,即高速公路运行结构的第三层视为气象环境层。

高速公路是一个实时动态运行的复杂系统,可按图 5-9 进行描述与系统切分。按照系统工程理论,高速公路分为物理结构和运行结构两部分。物理结构层面,从路网维度、路段维度、车道维度进行物理元素分解:路网维度包括普通路段、互通式立交、桥梁、隧道、收费站、服务区;路段维度包括常规行车道、专用车道、应急车道、中央分隔带、出口匝道、入口匝道;车道维度包括交通标志、交通标线、其他交安设施、交通流监测设备、气象环境和路面状态监测设备、其他管理设施。运行结构层面,依据其动态特征划分为路权与拓扑结构层、车流状态层、气象环境层共计三个层次。其中,以标志标线为主而确定的路权数据以车道连通性矩阵进行描述,刻画路网车道级别的可通行性。

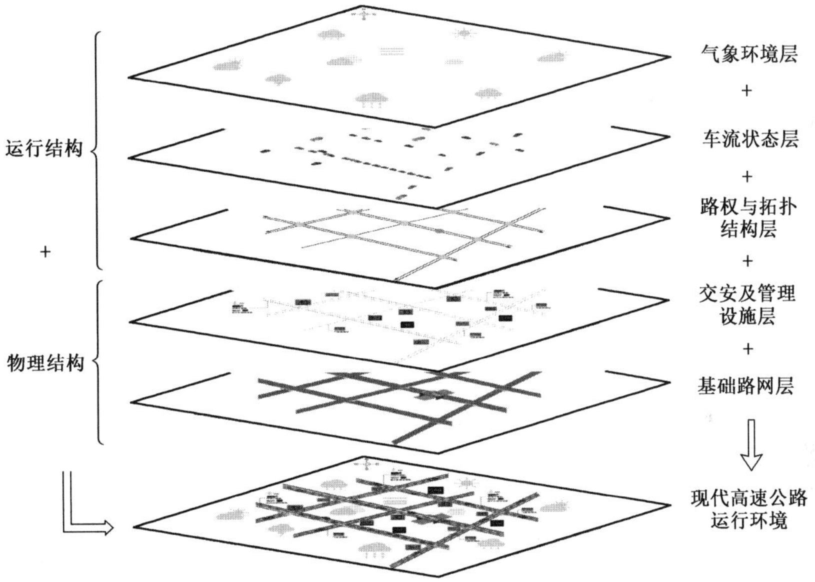

图 5-9 高速公路运行环境总体描述模型

5.2 模型精细度与信息深度

依据风险管理基础理论,定义“交通运行风险管理”的概念,即识别、分析、评估交通系统中的潜在危险事件,并引入有效的风险控制手段以消除或者减少对相关人员、车辆、道路设施、环境等因素可能造成的伤害。交通运行风险管理应是所有良好管理策略的集成,它主要包括交通运行风险分析、交通运行风险评价、交通运行风险控制与降低三个方面。

交通运行风险管理是一个连续的管理过程,其包含的元素及逻辑关系应如图 5-10 所示。

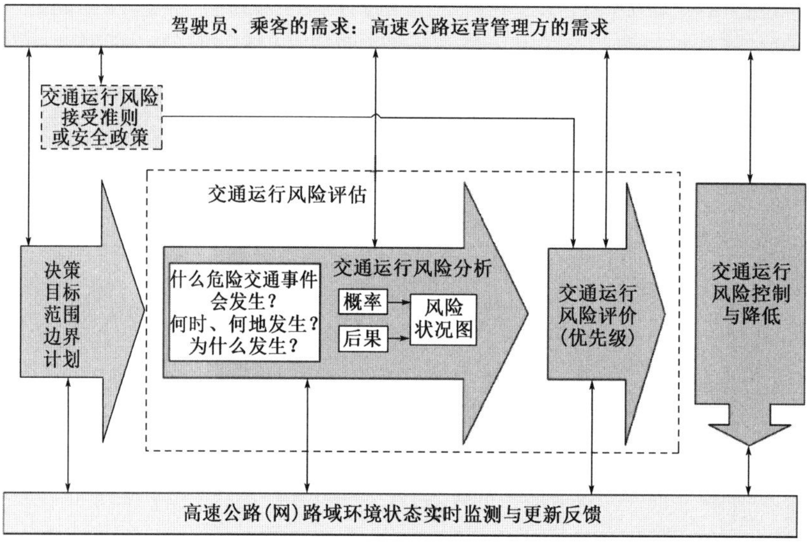

图5-10　交通运行风险管理的元素及其逻辑关系

依据风险管理基础理论，从风险事件的演变过程分析，高速公路交通运行风险的管控措施主要有两大类。

(1)预防型措施。预防型措施的目的是降低潜在危险交通事件的频率，这些措施也被成为主动措施或者频率降低措施。

(2)缓解型措施。缓解型措施的目的是避免或者减轻潜在危险交通事件的后果，这些措施也被称为被动措施或者后果减轻措施。

对于上述两类措施的实施顺序，一般来说，只要有可能就应该优先采取频率降低措施，然后再考虑后果减轻措施。

按照风险管控“4T”理论，即“Terminate(消除)、Transfer(转移)、Treat(处理)、Tolerate(容忍)”，以及风险管理对策的特征，上述两大类措施又可分为七小类运行风险管控措施。其中，高速公路交通运行风险预防型措施包括分离类措施、车辆行驶限制类措施、限流类措施、诱导类措施、预防型工程类措施，缓解型措施包括生存保障类措施、紧急工程类措施，具体内容如下。

(1)分离类措施。对车辆进行横向的空间分离，包括专用车道，以及在处理特殊事件时对交通流进行车道实施的管理与控制。

(2)车辆行驶限制类措施。对车辆的最高运行速度、车辆之间的最小运行间距、允许通行车型等进行限制，具体的车辆行驶限制对策由交通流状态、天气条件及道路条件确定。

(3)限流类措施。对进入局域高速公路的交通流量进行限额控制。当通过局域高速公路的交通需求超过其通行能力或所容许的安全运营风险水平时，适当限制进入重大基础设施的交通流量是必要的，以改善运营条件，保持安全运营。

(4)诱导类措施。诱导类措施是对进入局域高速公路的交通流进行网内分流路径诱导或入网指导，使交通流在空间和时间的分布上有利于路网运营安全。

(5)预防型工程类措施。预防型工程类措施是为控制高速公路交通运行风险而提前采取的工程类措施,包括应急消雾与视线诱导、应急除冰与除雪等。

(6)生存保障类措施。生存保障类措施是指对处在危及生命安全的灾变事件环境下的人员(驾驶员、乘客及其他人员)进行逃生路径引导或紧急救护。

(7)紧急工程类措施。紧急工程类措施旨在对路网内的道路或交通工程设施进行紧急工程维修,或灾变事件严重影响高速公路行车条件时采取紧急工程措施减轻事件的影响程度,以保证受损或受影响的设施尽快恢复通行能力,维持设施的正常、安全运营。

下面给出上述高速公路网运行风险管控措施类别、具体风险管控对策与实例说明,见表5-3。

高速公路网运行风险管控策略 表5-3

<table>
<tr><th>序号</th><th colspan="2">风险管控措施类别</th><th colspan="2">具体风险管控对策与实例说明</th></tr>
<tr><td rowspan="3">1</td><td rowspan="6">预防型措施</td><td rowspan="3">分离类措施</td><td>1)车道关闭与向左/右变道
</td><td>2)专用车道

</td></tr>
<tr><td>3)对向车道变向使用
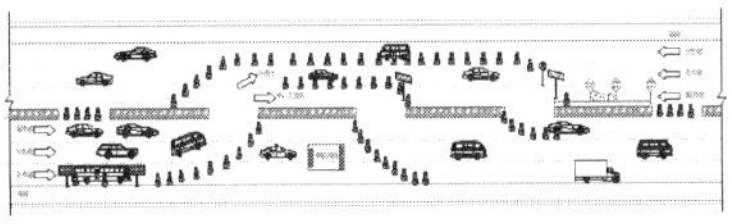</td><td>4)同向车道变向使用
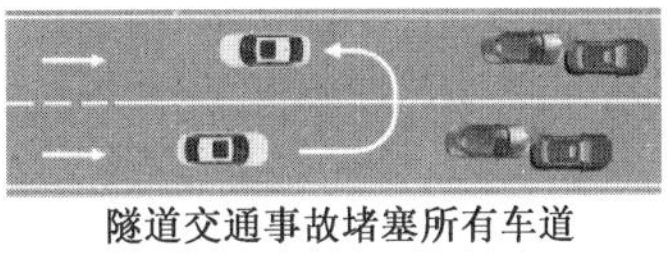
</td></tr>
<tr><td colspan="2">5)匝道控制(互通式立交)</td></tr>
<tr><td rowspan="2">2</td><td rowspan="2">车辆行驶限制类措施</td><td>1)动态限速
</td><td>2)车距控制

</td></tr>
<tr><td>3)禁止超车
</td><td>4)车型控制

</td></tr>
<tr><td>3</td><td>限流类措施</td><td>1)入口流量限制
</td><td>2)入口关闭
</td></tr>
</table>

续上表

<table>
<tr><th>序号</th><th colspan="2">风险管控措施类别</th><th colspan="2">具体风险管控对策与实例说明</th></tr>
<tr><td rowspan="2">4</td><td rowspan="3">预防型措施</td><td rowspan="2">诱导类措施</td><td>1)网内分流路径诱导
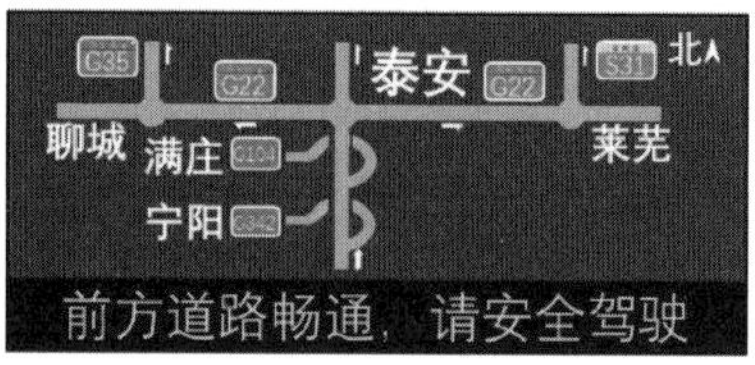
</td><td>2)网外交通流入网诱导
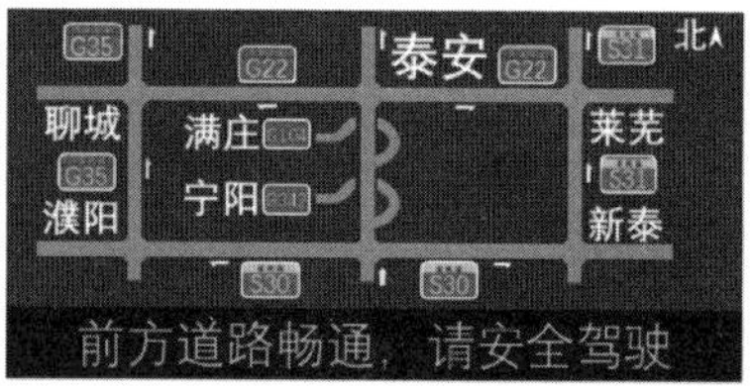
</td></tr>
<tr><td colspan="2">3)枢纽立交匝道流向重组(极端特殊情况)</td></tr>
<tr><td>5</td><td>预防型工程类措施</td><td>1)应急消雾与视线诱导
</td><td>2)应急除冰与除雪
</td></tr>
<tr><td rowspan="3">6</td><td rowspan="4">缓解型措施</td><td rowspan="3">生存保障类措施</td><td>1)逃生路径引导</td><td>2)紧急医疗救护</td></tr>
<tr><td>3)应急通风</td><td>4)自设消防</td></tr>
<tr><td>5)多部门联动</td><td>6)应急照明</td></tr>
<tr><td>7</td><td>紧急工程类措施</td><td>1)应急道路维修与恢复</td><td>2)应急清障</td></tr>
</table>

综合考虑面向运行风险管控的业务和算法需求、风险管理数据要求以及上一小节提出的高速公路运行环境描述模型,面向运行风险管控的高速公路运行环境信息模型精细度、信息深度与参数定义,应符合本书附录A的规定。《公路工程信息模型应用统一标准》(JTG/T 2420—2021)等相关标准中已有的设计、施工和养护阶段各类设施、子设施、构件、建设阶段、专业领域、特征属性等信息内容,此处不再重复列出。

E-R图提供了表示实体类型、属性和联系的方法,是描述现实世界关系模型的有效方法。E-R模型的构成有实体集、关系集和属性集。E-R模型是不受任何数据库设计概念结构(DBMS)约束的模型表达方法,是数据模型设计中被广泛应用的数据建模工具。基于计算机技术中E-R模型的建立过程,确定实体、属性以及相互之间的联系,建立面向高速公路运行风险管控的各类物理结构和运行结构环境数据信息的E-R模型,如图5-11所示。

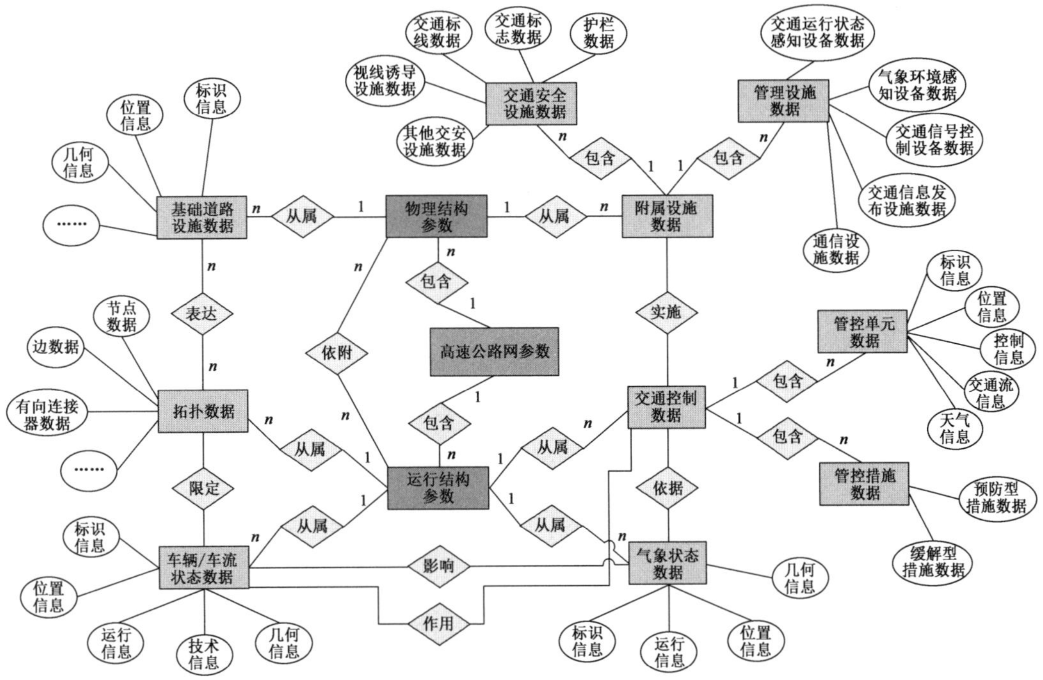

图 5-11　面向运行风险管控的高速公路运行环境总体 E-R 图

5.3 分类编码

5.3.1 编码方法与原则

信息编码是将事物或概念(编码对象)赋予具有一定规律、易于计算机和人识别处理的符号,形成代码元素集合。代码元素集合中的代码元素就是赋予编码对象的符号,即编码对象的代码值。所有类型的信息都能够进行编码,如关于产品、人、国家、货币、程序、文件、部件等各种各样的信息。信息编码包含的内容有数据表达成代码的方法、数据的代码表示形式、代码元素集合的赋值。信息编码的主要作用有标识、分类、参照。标识的目的是要把编码对象彼此区分开,在编码对象的集合范围内,编码对象的代码值是其唯一性标志,信息编码的分类作用实质上是对类进行标识;信息编码的参照作用体现在编码对象的代码值可作为不同应用系统或应用领域之间发生关联的关键字。

信息的编码应遵循以下基本原则。

(1)唯一性。在一个分类编码标准中,每一个编码对象仅应有一个代码,一个代码只唯一表示一个编码对象。

(2)合理性。代码结构应与分类体系相适应。

(3)可扩充性。代码应留有适当的后备容量,以便适应不断扩充的需要。

(4)简明性。代码结构应尽量简单,长度尽量短,以便节省机器存储空间和减少代码的差错率。

(5)适用性。代码应尽可能反映编码对象的特点,适用于不同的相关应用领域,支持系统集成。

(6)规范性。在一个信息分类编码标准中,代码的类型、代码的结构以及代码的编写格式应当统一。

编码的类型一般分三种:数字型代码、字母型代码、数字和字母混合型代码。编码方法主要有无实义代码和有实义代码两种方法。

无实义代码是该代码只作为分类对象的唯一标识,代替分类对象名称,不提供编码对象的其他信息。无实义代码包括无序码和顺序码。无序码是对编码对象赋予无序的自然数或字母,该编码无任何编写规律,是靠机器的随机程序编写的,一般在技术经济信息中应用比较少。顺序码是将自然数或字母赋予编码对象,适合于非系统化的分类对象采用,如人的性别代码,“1”为男性,“2”为女性。顺序码包括递增顺序码、系列顺序码和约定顺序码。

(1)递增顺序码。编码对象被赋予的代码值,可由预定数字递增决定。例如,预定数字可以是1(纯递增型),或者是10(只有10的倍数可以赋值),或者是其他数字(如偶数情况下的2)等。用这种方法,代码值不带有任何含义。相类似的编码对象的代码值不作分组。为了以后原始代码集的修改,可能需要使用中间的代码值,这些中间代码值的赋值根据不必按1递增。

(2)系列顺序码。这种代码首先要确定编码对象的类别,按各个类别确定它们的代码取值范围,然后在各类别代码取值范围内对编码对象顺序地赋予代码值。系列顺序码只有在类别稳定并且每一具体编码对象在目前或可预见的将来不可能属于不同类别的条件下才使用。

(3)约定顺序码。不是一种纯顺序码。这种代码只能在全部编码对象都预先知道并且编码对象集合将不会扩展的条件下才能顺利使用。在赋予代码值之前,编码对象应按某些特性进行排列,例如:依名称的字母顺序排序,按(事件、活动的)年代顺序排序等。这样得到的顺序再用代码值表达,而这些代码值本身也应是从有序的列表中顺序选出的。

有实义代码是分类对象的唯一标识,其作用是代替分类对象名称,并提供一定附加含义的信息。有实义代码包括缩写码、层次码、矩阵码、并置码、组合码。

(1)缩写码。这种代码的本质特性是依据统一的方法缩写编码对象的名称,由取自编码对象名称中的一个或多个字符赋值成编码表示。缩写码能有效用于那些相当稳定的,并且编码对象的名称在用户环境中已是人所共知的有限标识代码集。

(2)层次码。层次码以编码对象集合中的层级分类为基础,将编码对象编码成为连续且递增的组(类)。位于较高层级上的每一个组(类)都包含并且只能包含它下面较低层级全部的组(类)。这种代码类型以每个层级上编码对象特性之间的差异为编码基础。每个层级上特性必须互不相容。细分至较低层级的层次码实际上是较高层级代码段和较低层级代码段的复合代码。层次码通常用于分类的目的,层级数目的建立依赖于信息管理的需求,较少用于标识和参照的目的。

(3)矩阵码。矩阵码以复式记录表的实体为基础,赋予这个表中行和列的值用于构成表内相关坐标上编码对象的代码表示。这种方法的目的是对矩阵表中的编码对象赋予有含义的代码值,这些编码对象在不同的组合中具有若干共同特性,可有效地用于标识那些具有良好结构和稳定特性的编码对象。

(4)并置码。并置码是由一些代码段组成的复合代码,这些代码段提供了描绘编码对象的特性,这些特性是相互独立的。这种方法的编码表达式可以是任意类型(顺序码、缩写码、无序码)的组合,非常适用于那些具有若干共同特性的数据分类。

(5)组合码。组合码也是由一些代码段组成的复合代码,这些代码段提供了编码对象的不同特性。与并置码不同的是,这些特性相互依赖并且通常具有层次关联。组合码常被用于标识目的,以覆盖宽泛的应用领域。

5.3.2　分类编码表

编码是高速公路信息建模中重要的一环,它直接参与信息数据的储存、识别、运算过程,并影响用户和计算机软件解读调用的方便快捷程度。编码是数据的"身份证",使用时需同时被用户和计算机系统识别,这就要求为高速公路运行环境数据信息建立双重身份。信息模型中有标识码和分类编码两种不同用途的代码,前者在模型中具有唯一性,不会重复;后者表示对象的类型,有可能重复。标识码可以被用户解读,而分类编码一般只能被计算机解读。我国交通运输行业标准《公路数据库编目编码规则》(JT/T 132—2014)、《交通运输数据中心互联技术规范　第2部分:数据资源目录分类编码》(JT/T 1224.2—2018)对各类交通数据进行了详细的规定,其中已有的数据类型标识码可以参照此规定进行,此处不再赘述。本文重点针对面向建筑信息模型(Building Information Modeling,BIM)信息模型的分类编码方法以及标准中没有明确规定的标识码的编码方法。以管控单元为例,在《公路数据库编目编码规则》(JT/T 132—2014)的基础上,考虑上下行(1代表上行方向,2代表下行方向),确定互通式立交(I)、收费站(TS)、服务区(S)、中央分隔带开口(L)、隧道(T)五类路网节点的标识码结构,如图5-12所示。而对于这五类节点的分类编码,可从公路工程设计和施工信息模型中继承而来,相应标准中有详细的分类表和编码方式,此处不再赘述。

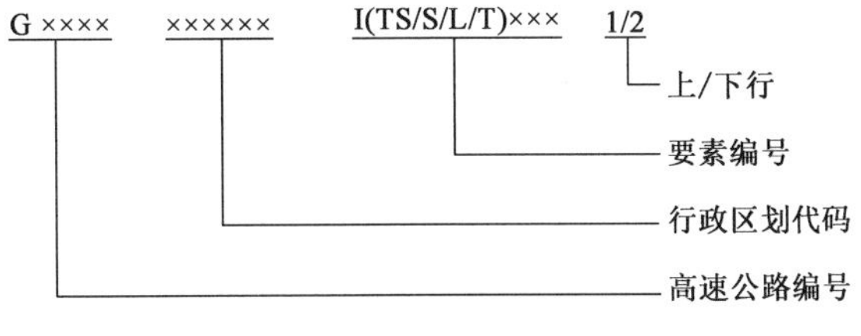

图5-12　标识码结构

明确了路网节点的编码后,需进一步确定车道要素的标识码和分类编码。从运行风险管控措施生效以及车辆到达的先后顺序考虑,如果要"阻断"某个路段的来车,应该是在该路段前一个节点或者更远的节点将上游来车分流或采取其他管控措施,某个节点的分流或其他管控策略是对上游邻近路段的来车而言的。因此,将节点+上游邻近的一个车道路段视为一个基本管控单元。基于此,即可以节点标识码+车道编号的方式表示一个基本管控子单元。对于车道编号,提出分上下行分别编号的方法,每个方向由内向外依次编号为1、2、3、4、5……如图5-4所示,其右幅(上行)内侧第一个车道——自动驾驶专用车道的标识码即可表示为"G××××+××××××+I×××+1+1"。

对于车道要素的分类编码,已有的标准中尚未明确。对照 ISO 标准 *Building construction-Organization of information about construction works-Part 2:Framework for classification*(ISO 12006-2:2015)确定的“成果、过程、资源和属性”四大类信息,车道类别信息归于属性。而在《公路工程信息模型应用统一标准》(JTG/T 2420—2021)中,属性类别的表代码为 41 和 46,其中特征属性的表代码为 46。因此,采用“表代码-××.××.××.××”的标准码模式,在表代码为 46 的特征属性分类编码表中增加“运行特征属性”,并提出八类车道的分类编码,后续可按需扩展,见表 5-4。

车道分类编码 表 5-4

序号	名称	分类编码
—	运行特征属性	46-08.00.00.00
—	车道类别	46-08.07.00.00
1	常规行车道	46-08.07.01.00
2	应急车道	46-08.07.02.00
3	入口车道	46-08.07.03.00
4	出口车道	46-08.07.04.00
5	自动驾驶专用车道	46-08.07.05.00
6	小客车专用车道	46-08.07.06.00
7	客车专用车道	46-08.07.07.00
8	货车专用车道	46-08.07.08.00

考虑代码值应当由尽量少的字符数目组成,以节省空间并减少数据通信时间,但同时还应根据代码用户的能力进行优化及其可扩展性。主要采用层次码来表征工程实体结构分类编码,即前层和后层属包含关系(父子关系),分类编码按照下文提出的基于 BIM 通用编码规则的编码表进行编码。

我国行业标准《公路工程信息模型应用统一标准》(JTG/T 2420—2021)采用与 ISO 国际标准 *Building construction—Organization of information about construction works—Part 2 Framework for classification*(ISO 12006-2:2015)和我国国家标准《建筑信息模型分类和编码标准》(GB/T 51269—2017)一致的分类体系,使用混合分类法,按照成果、过程、资源、属性和其他方面进行分类,将公路工程涉及的信息归为 11 大类,给出的信息分类见表 5-5。

信息分类 表 5-5

表代码	分类表	分类对象
16	设施	成果
17	子设施	
18	构件	
26	建设阶段	过程
27	专业领域	
32	工具	资源
33	信息	
36	材料	

续上表

表代码	分类表	分类对象
41	属性	属性
46	特征属性	
51	地形地质	其他

其中，表代码为32、33、41的3张表为直接引用《建筑信息模型分类和编码标准》(GB/T 51269—2017)；表代码为16、17、18、26、27、36、46、51的8张表为在《建筑信息模型分类和编码标准》(GB/T 51269—2017)规定的分类表代码之后扩展而来的，例如《建筑信息模型分类和编码标准》(GB/T 51269—2017)建设成果分类表代码为10、11、12、13、14、15，而在《公路工程信息模型应用统一标准》(JTG/T 2420—2021)成果分类表代码则为16、17、18。目前，面向运行风险管控的高速公路信息模型缺乏。为与国际通用标准、我国建筑业以及公路工程设计、施工、养护等阶段的信息模型标准保持一致，从而保证所构建的信息模型具有最大的继承性、软件支持度和可移植性，采用与上述ISO、我国国家标准和交通行业标准一致的分类编码体系，在此基础上对面向高速公路运行风险所需的特定信息进行扩展构建。

依据上一小节分析，综合考虑面向运行风险管控的业务和算法需求，确定设施、子设施、构件、建设阶段、专业领域、特征属性六类分类编码表详见本书附录B。《公路工程信息模型应用统一标准》(JTG/T 2420—2021)中已有的各类信息此处不再重复列出。

5.4 数据存储

BIM技术在全寿命周期管理方面具有巨大前景。现代高速公路运行风险管控平台数据纷繁复杂，依据上述数据分类及编码规则，综合考虑BIM构件实体及其属性信息的存储方式，为保证数据最大化的可移植性和可调用性，实体构件信息采用基于IFC标准的存储方法，而对于大量实时动态的外场设备采集以及发布的数据，则采用关系型数据库进行存储与调用。

5.4.1 实体构件存储

为与我国交通运输行业有关公路工程信息模型的标准中规定的存储方式保持一致，基于IFC标准格式确定其存储结构。对于新的构件实体，采用以下定义的扩展方式进行扩展。数据模型存储及扩展方式见表5-6。

面向风险管控的高速公路网运行环境数字化存储　　表5-6

对象	实体名	备注
交通安全设施	IfcTrafficSafetyFacility	自定义
管理设施	IfcDistributionSystem	引用
其他物理结构设施	IfcBuildingElement	引用
运行结构设施	IfcHighwayOperationFacility	自定义

续上表

对象			实体名	备注
交通工程及沿线设施构件	交通安全设施构件	交通标线	IfcTrafficSafetyElement	自定义
		交通标志	IfcTrafficSafetyElement	自定义
		护栏	IfcRailing/IfcWall	引用
		视线诱导设施	IfcTrafficSafetyElement	自定义
		隔离栅	IfcRailing	引用
		防落网	IfcTrafficSafetyElement	自定义
		声屏障	IfcBuildingElementProxy	引用
		防眩设施	IfcTrafficSafetyElement	自定义
		其他交通安全设施构件	IfcTrafficSafetyElement	自定义
	管理设施构件	通信设施构件	IfcCommunicationsAppliance	引用
		交通运行状态感知设备	IfcSensor	引用
		气象环境感知设备	IfcSensor	引用
		交通信号控制设施构件	IfcLamp	引用
		交通信息发布设施构件	IfcAudioVisualAppliance	引用
其他物理结构设施构件	路网构件	普通路段线段	IfcBuildingElementProxy	引用
		隧道节点	IfcBuildingElementProxy	引用
		桥梁节点	IfcBuildingElementProxy	引用
		互通式立交节点	IfcBuildingElementProxy	引用
		收费站节点	IfcBuildingElementProxy	引用
		服务区节点	IfcBuildingElementProxy	引用
		中央分隔带开口节点	IfcBuildingElementProxy	引用
运行结构设施构件	拓扑结构与交通运行规则构件	连接点	IfcTopology	引用
		边	IfcTopology	引用
		有向连接器	IfcLogical	引用
	车辆构件		IfcTransportElement	引用
	天气状态构件		IfcHighwayOperationElement	自定义

注:表中引用的实体详细定义见 IFC4X2 标准。

定义基于 IFC 的交通安全设施存储结构、管理设施存储结构、其他物理结构设施存储结构、运行结构设施存储结构应如图 5-13 ~ 图 5-16 所示。

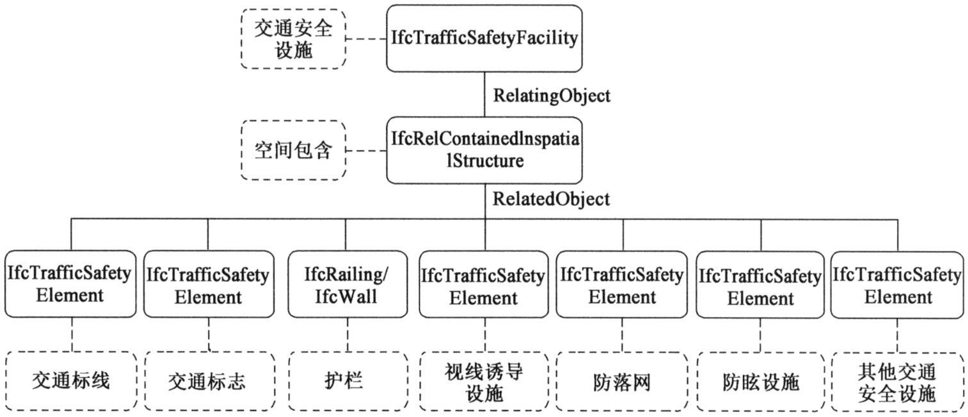

图 5-13　交通安全设施存储结构

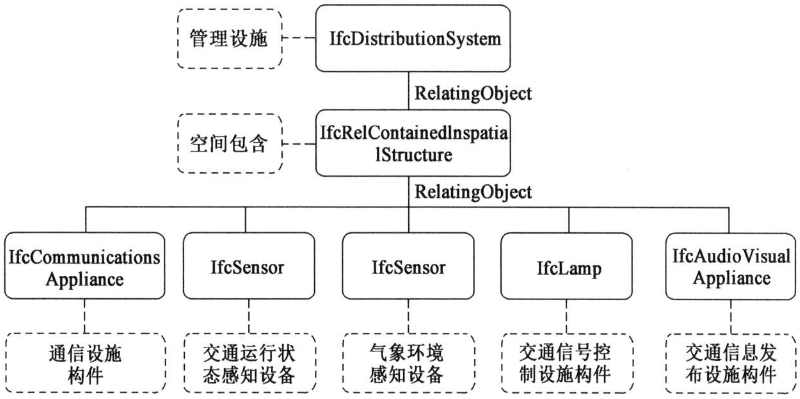

图 5-14　管理设施存储结构

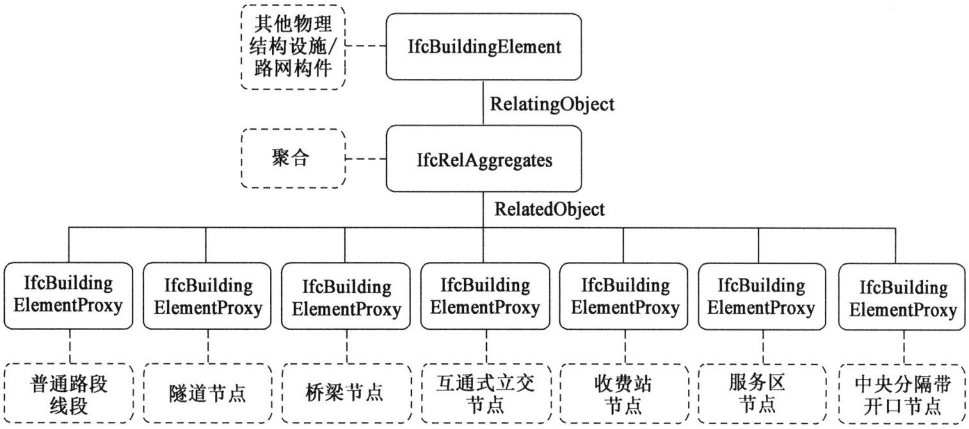

图 5-15　其他物理结构设施存储结构

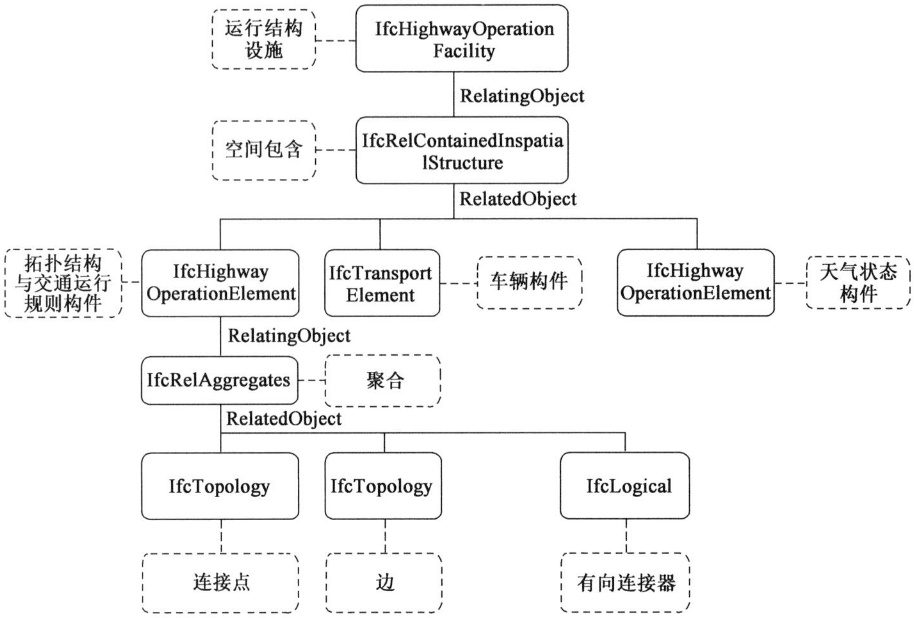

图 5-16　运行结构设施存储结构

上述自定义的实体应符合下列格式。

(1) IfcTrafficSafetyFacility 和 IfcTrafficSafetyFacilityTypeEnum 的定义应符合下列格式。

①IfcTrafficSafetyFacility 的定义。

```
ENTITY IfcTrafficSafetyFacility
  SUBTYPE OF (IfcFacilityPart);
    PredefinedType:OPTIONAL IfcTrafficSafetyFacilityTypeEnum;
END_ENTITY;
```

②IfcTrafficSafetyFacilityTypeEnum 的定义。

```
TYPE IfcTrafficSafetyFacilityTypeEnum = ENUMERATION OF
  (USERDEFIED,
NOTDEFINED);
END_TYPE;
```

定义中:USERDEFINED 表示用户自定义;NOTDEFINED 表示未定义。

(2) IfcTrafficSafetyElement 和 IfcTrafficSafetyElementTypeEnum 的定义应符合下列格式。

①IfcTrafficSafetyElement 的定义。

```
ENTITY IfcTrafficSafetyElement
  SUBTYPE OF (IfcCivilElement);
    PredefinedType:OPTIONAL IfcTrafficSafetyElementTypeEnum;
END_ENTITY;
```

②IfcTrafficSafetyElementTypeEnum 的定义。

```
TYPE IfcTrafficSafetyElementTypeEnum = ENUMERATION OF
```

```
  (USERDEFIED,
NOTDEFINED);
END_TYPE;
```

定义中:USERDEFINED 表示用户自定义;NOTDEFINED 表示未定义。

(3)IfcHighwayOperationFacility 和 IfcHighwayOperationFacilityTypeEnum 的定义应符合下列格式。

①IfcHighwayOperationFacility 的定义。

```
ENTITY IfcHighwayOperationFacility
  SUBTYPE OF (IfcFacilityPart);
    PredefinedType:OPTIONAL IfcHighwayOperationFacilityTypeEnum;
END_ENTITY;
```

②IfcHighwayOperationFacilityTypeEnum 的定义。

```
TYPE IfcHighwayOperationFacilityTypeEnum = ENUMERATION OF
  (USERDEFIED,
NOTDEFINED);
END_TYPE;
```

定义中:USERDEFINED 表示用户自定义;NOTDEFINED 表示未定义。

(4)IfcHighwayOperationElement 和 IfcHighwayOperationElementTypeEnum 的定义应符合下列格式。

①IfcHighwayOperationElement 的定义。

```
ENTITY IfcHighwayOperationElement
  SUBTYPE OF (IfcFacilityPart);
    PredefinedType:OPTIONAL IfcHighwayOperationElementTypeEnum;
END_ENTITY;
```

②IfcHighwayOperationElementTypeEnum 的定义。

```
TYPE IfcHighwayOperationElementTypeEnum = ENUMERATION OF
  (USERDEFIED,
NOTDEFINED);
END_TYPE;
```

定义中:USERDEFINED 表示用户自定义;NOTDEFINED 表示未定义。

5.4.2 属性信息存储

以管控单元的信息存储为例,基于上述分析,针对高速公路网运行风险管控单元构件的五类属性信息分别进行定义:标识信息属性集(Pest_ENORMUnitComponentIdentification)见表5-7,位置信息属性集(Pest_ENORMUnitComponent Location)见表5-8,交通控制信息属性集(Pest_ENORMUnitComponentTrafficControl)见表5-9,车流状态信息属性集(Pest_ENORMUnit-ComponentVehicle)见表5-10,气象环境信息属性集(Pest_ENORMUnitComponentWeather)见表5-11。根据 IFC 标准实例化通用实体和扩展属性集的规定,所用 IfcBuildingElementProxy 实体的 PredefinedType 属性值应为 USERDEFINED。气象环境的风险及其对高速公路运行影响的等级划分可参照中国气象局发布的标准《高速公路交通气象条件等级》(QX/T 111—2010)确定。

高速公路网运行风险管控单元构件标识信息　　表 5-7

属性集名称		Pest_ENORMUnitComponentIdentification				
定义	适用的实体	名称	属性类型	数值类型	描述	实例
用于描述运行风险管控单元标识信息	IfcObject	Name	IfcPropertySingleValue	IfcLabel	构件名称	车道
		Identification Code	IfcPropertySingleValue	IfcLabel	标识码	G3 370881 T001 1 1
		Classification Code	IfcPropertySingleValue	IfcLabel	分类编码	18-07.01.60.05

高速公路网运行风险管控单元构件位置信息　　表 5-8

属性集名称		Pest_ENORMUnitComponent Location				
定义	适用的实体	名称	属性类型	数值类型	描述	实例
用于描述运行风险管控单元位置信息	IfcObject	Startmileage	IfcPropertySingleValue	IfcLabel	起点桩号	K532 +918
		Startlongitude	IfcPropertySingleValue	IfcLabel	起点经度	117.045532
		Startlatitude	IfcPropertySingleValue	IfcLabel	起点纬度	35.602413
		Stopmileage	IfcPropertySingleValue	IfcLabel	终点桩号	K537 +100
		Stoplongitude	IfcPropertySingleValue	IfcLabel	终点经度	117.047706
		Stoplatitude	IfcPropertySingleValue	IfcLabel	终点纬度	35.561827
		Upward Direction	IfcPropertySingleValue	IfcLabel	上行	1
		Downward Direction	IfcPropertySingleValue	IfcLabel	下行	2

高速公路网运行风险管控单元构件交通控制信息　　表 5-9

属性集名称		Pest_ENORMUnitComponentTrafficControl				
定义	适用的实体	名称	属性类型	数值类型	描述	实例
用于描述运行风险管控单元交通控制信息	IfcObject	Dynamic Speed Limit	IfcPropertySingleValue	IfcLabel	动态限速	80km/h
		Lane Control	IfcPropertySingleValue	IfcLabel	车道控制	封闭、通行、向右/左换道
		Traffic Diversion	IfcPropertySingleValue	IfcLabel	交通诱导分流	请从宁梁高速公路绕行
		Lane Change Control	IfcPropertySingleValue	IfcLabel	换道控制	左右双向换道、左单向换道、右单向换道、不允许换道
		Traffic Volume Limit	IfcPropertySingleValue	IfcLabel	流量限制	入口匝道关闭
		Vehicle Type Limit	IfcPropertySingleValue	IfcLabel	车型限制	危险化学品运输车辆禁止通行

高速公路网运行风险管控单元构件车流状态信息　表5-10

属性集名称		Pest_ENORMUnitComponentVehicle				
定义	适用的实体	名称	属性类型	数值类型	描述	实例
用于描述运行风险管控单元车流状态信息	IfcObject	Traffic Volume	IfcPropertySingleValue	IfcLabel	交通流量	1500pcu/h
		Speed	IfcPropertySingleValue	IfcLabel	车速	100km/h
		Density	IfcPropertySingleValue	IfcLabel	密度	375pcu/(km·ln)
		Vehicle Type Ratio	IfcPropertySingleValue	IfcLabel	车型比例	2:1

高速公路网运行风险管控单元构件气象环境信息　表5-11

属性集名称		Pest_ENORMUnitComponentWeather				
定义	适用的实体	名称	属性类型	数值类型	描述	实例
用于描述运行风险管控单元气象环境信息	IfcObject	Rain	IfcPropertySingleValue	IfcLabel	雨	30.0mm/h,3级,有较大影响
		Fog	IfcPropertySingleValue	IfcLabel	雾	150m,2级,有一定影响
		Ice	IfcPropertySingleValue	IfcLabel	冰	0.5mm,2级,有一定影响
		Snow	IfcPropertySingleValue	IfcLabel	雪	1cm,2级,有一定影响
		Wind	IfcPropertySingleValue	IfcLabel	风	17.2m/s,3级,有较大影响

外场设备采集的数据以及计算结果反馈发布数据等结构化以及非结构化的视频、图片等数据,应符合以下数据元类型及格式的要求。

1)数据元类型

数据元是一种用来表示具有相同特性数据项的抽象“数据类型”。对于一个数据集而言,元数据侧重于对数据集总体的内容、质量、来源等外部特征进行描述,而数据元则侧重于对数据集内部的基本元素的“名、型、值”等特性进行定义。元数据只用来定义和描述已有的数据,数据元则可以用来指导数据模型的构建,进而产生新数据。

在信息与文献国际标准中,元数据的概念定义为描述文件背景、内容、结构及其整个管理过程的数据。综合各种信息,元数据即描述数据的数据,数据资源的说明书主要用来描述数据的属性信息。通过元数据的描述,数据的使用者能够更好地了解数据所包含的内容、数据的用途等信息,能够对数据资源的应用需求作出评价,并根据评价的结果来进行决策。根据元数据的定义,元数据可以表述为对信息的描述,描述数据所包含的内容、数据质量、数据类型、数据的获取方式、数据的属性信息等,有助于工作人员查找、存取、使用和管理信息资源的信息,可以得到数据的格式、内容、特征、获取方式、获取时间以及采集者的信息等。

数据元类型为该数据元的数据类型,分为字符型、数字型、日期型、时间型、日期时间型、布尔型、二进制型等,具体含义如下。

(1)字符型是用字母、数字字符、中文等字符表示的数据类型;

(2)数字型是用数字表示的数据类型；

(3)日期型是用年、月、日表示的数据类型；

(4)时间型是用小时、分钟、秒表示的数据类型；

(5)日期时间型是用年、月、日和小时、分钟、秒组合表示的数据类型；

(6)布尔型是用逻辑类数据表示的数据类型,它只有两个值,即 False(假)和 True(真)；

(7)二进制型是用 0 和 1 两个数码来表示的数据类型,它的基数为 2,进位规则是“逢二进一”,借位规则是“借一当二”。

2)数据元格式

数据格式为该数据元从业务的角度规定的数据元的格式需求,包括所允许的最大和/或最小字符长度,数据元内容的表示格式等(一个汉字占两个字符)。数据格式中使用的字符表示含义见表 5-12。

字符表示的含义 表 5-12

字符	含义
a	字母字符
n	数字字符
an	字母数字字符
m	定长 *m* 个字符,*m* 为自然数
ul	长度不确定的文本； 从最小长度到最大长度,前面附加最小长度,后面附加最大长度
YYYYMMDD	“YYYY”表示世纪和年份,“MM”表示月份,“DD”表示日期,可以视具体实际情况组合使用
hhmmss	“hh”表示小时,“mm”表示分钟,“ss”表示秒,可以视具体实际情况组合使用
,	区分数字字符个数与小数点后小数位数的分隔符,即“,”前为数字字符个数,“,”后为小数点后小数位数
..	字符型数据的最小长度到最大长度的分隔符。 示例： an5 表示定长五个字母数字字符； an3..8 表示最大长度为 8,最小长度为 3 的不定长字符； n..8,4 表示该数值最大长度为八位数字字符、小数点后为四位小数位
BMP/GIF/JPG/PCX/SGL/TGA/TIFF …	图片类文本
Tue/False	数据的逻辑判断值,True(真)/False(假)

上述各数据元的类型及格式见表 5-13。

数据元结构 表 5-13

数据元名称	编码	数据元类型	数据格式	备注
行政区划代码		数字型	n6	
行政等级		字符型	a1	
路线全称		字符型	an..60	

续上表

数据元名称	编码	数据元类型	数据格式	备注
路线简称		字符型	an..10	
路段起点桩号		数字型	n..7,3	精确到0.001km
路段起点名称		字符型	an..60	
路段止点桩号		数字型	n..7,3	精确到0.001km
路段止点名称		字符型	an..60	
通车日期		日期型	YYYYMMDD	
技术等级		数字型	n2	
设计速度		数字型	n3	km/h
车道数		数字型	n2	
行车道宽度		数字型	n..4,2	精确到0.01m
路肩类型		数字型	n1	
路肩宽度		数字型	n..3,2	精确到0.01m
公路交叉口代码		字符型	an8	
交叉种类		字符型	a2	
交叉形式		字符型	a2	
路基横断面形式		数字型	n1	
抗滑系数		数字型	n..3,1	
桥梁代码		字符型	a13	
桥梁名称		字符型	n..60	
设计荷载等级		数字型	nl	
立交类别		数字型	nl	
桥面净宽		数字型	n..4,2	精确到0.01m
隧道代码		字符型	a13	
隧道名称		字符型	n..60	
隧道分类		数字型	nl	
隧道照明		数字型	nl	
交通管理设施位置桩号		数字型	n..7,3	精确到0.001km
交通管理设施种类		数字型	n2	
交通管理设施结构形式		数字型	n2	
标线分类		数字型	n1	
标线宽度		数字型	n..6,2	精确到0.01m
标线材料		数字型	n1	
护栏类型		数字型	n1	
防眩设施分类		数字型	n1	
交通流观测站名称		字符型	an..100	

续上表

数据元名称	编码	数据元类型	数据格式	备注
交通流观测站桩号		数字型	n..7,3	精确到0.001km
气象观测站名称		字符型	an..100	
气象观测站桩号		数字型	n..7,3	精确到0.001km
沿线地貌		数字型	n2	
沿线地物		数字型	n2	
路线走向		字符型	a2	
……				

5.5 本章小结

本章基于风险管理的基础理论,确定了现代高速公路系统边界与系统组成,建立了现代高速公路运行环境总体描述模型及数字化表达方法。综合考虑面向运行风险管控的业务和算法需求、风险管理数据要求,规定了面向运行风险管控的高速公路运行环境信息模型精细度、信息深度与参数定义。采用与我国行业标准及ISO国际标准一致的分类体系,使用混合分类法,按照成果、过程、资源、属性和其他方面进行分类,综合考虑面向运行风险管控的业务和算法需求,建立了设施、子设施、构件、建设阶段、专业领域、特征属性六类分类编码表。基于IFC标准格式确定其存储结构,定义了数据模型存储及扩展方式。

附录

附录 A　面向运行风险管控的高速公路及路域环境信息深度和参数定义

面向运行风险管控的高速公路及路域环境信息深度和参数定义　　表 A-1

模型构件			模型信息参数		备注/主要参数的数字化定义
交通安全设施构件	交通标线	单实线、单虚线、虚实线、实虚线、其他标线	标识信息	标识码;分类编码	
			位置信息	起点桩号;起点经度;起点纬度;终点桩号;终点经度;终点纬度;横向位置;所在管控单元编码	定义横向位置以标线左右两车道编号来表示，如"G3 370881 T001 1-2 1"表示 G3 京台高速公路上行(右幅)曲阜北立交至曲阜立交之间 1 车道和 2 车道所夹的标线
			拓扑信息	向左跨越参数;向右跨越参数	定义允许跨越则参数为 1,不允许跨越则参数为 0
			几何信息	同设计/施工/养护阶段信息	
	交通标志	非地面标志	标识信息	标识码;分类编码	
			位置信息	经度;纬度;桩号;横向位置;所在管控单元编码	定义横向位置分为中央分隔带、门架、路侧三类,其编码可查属性编码表
			拓扑信息	限制通行的车型编码;限制时间段	
			几何信息	同设计/施工/养护阶段信息	
			版面信息	数字化编码;版面图片	可参照《道路交通标志编码》(GB/T 30699—2014)进行数字化编码，并以 jpg/png/bmp 等格式存储版面图片与实体构件关联

续上表

模型构件			模型信息参数		备注/主要参数的数字化定义
交通安全设施构件	交通标志	地面(文字)标志	标识信息	标识码;分类编码	
			位置信息	中心点经度;中心点纬度;中心点桩号;所在管控单元编码	
			拓扑信息	允许通行的车型编码	
			几何信息	同设计/施工/养护阶段信息	
	护栏	波形梁护栏、混凝土护栏、缆索护栏、组合式护栏、其他护栏	标识信息	标识码;分类编码	
			位置信息	起点经度;起点纬度;起点桩号;终点经度;终点纬度;终点桩号;横向位置;所在管控单元编码	定义横向位置分为中央分隔带和路侧两类,其编码可查属性编码表
			性能信息	护栏等级	可查属性编码表
			拓扑信息	可跨越参数	定义开口护栏的参数为1,表示可跨越;不开口护栏的参数为0,表示不可跨越
			几何信息	同设计/施工/养护阶段信息	
	视线诱导设施	主动发光标线、雾灯、道钉	标识信息	标识码;分类编码	
			位置信息	起点经度;起点纬度;起点桩号;终点经度;终点纬度;终点桩号;横向位置;所在管控单元编码	定义横向位置为其所在位置的车道编号
			控制信息	颜色;闪频;亮度;可视距离;时间周期	
	隔离栅、防落网、声屏障、防眩设施、其他交通安全设施构件		标识信息	标识码;分类编码	
			位置信息	起点经度;起点纬度;起点桩号;终点经度;终点纬度;终点桩号;横向位置;所在管控单元编码	
			几何信息	同设计/施工/养护阶段信息	
管理设施构件	通信设施构件	RSU、路由器(4/5G)、边缘计算机、基站、配电箱等	标识信息	标识码;分类编码	
			位置信息	经度;纬度;桩号;所在管控单元编码;空间位置;横向位置	定义空间位置分为云端、路侧、车载三类;定义横向位置分为中央分隔带、门架、路侧三类
			技术信息	有效通信距离;时延参数;丢包率;传输协议类型;数据发送类型;通信峰值速率	这类参数通常见于设备说明书;数据发送类型分为广播和单播
			可靠性信息	失效概率;当前设备工作状态	定义失效概率为设备不能正常工作的可能性,通常在设备出场时附有该参数
			几何信息	同设计/施工/养护阶段信息	

续上表

模型构件			模型信息参数		备注/主要参数的数字化定义
管理设施构件	交通运行状态感知设备	毫米波雷达、微波雷达、激光雷达、地磁线圈、视觉相机、无人机	标识信息	标识码;分类编码	
			位置信息	经度;纬度;桩号;所在管控单元编码;空间位置;横向位置;高程;探测角度	同通信设施构件相关定义;定义高程参数为以 WGS84 坐标系为参考系,设备相对于路面的高度
			技术信息	检测精度;参数输出时间间隔;纵向有效覆盖范围;横向有效覆盖范围;漏报率;误报率;事件检测报警速率	定义纵向有效覆盖范围为在检测精度内行车方向的道路长度,以 m 为单位;横向有效覆盖范围为在检测精度内道路横向范围,以车道数及其编码组合表示
			可靠性信息	失效概率;当前设备工作状态	
			交通流状态信息	交通流详细参数;交通事件类型	交通流详细参数类型及其单位、精度、阈值、格式见正文
			几何信息	同设计/施工/养护阶段信息	
	气象环境感知设备	气象全站仪、能见度监测仪、雨量监测仪、路面状态监测仪、降雪量监测仪、风速仪、沙尘监测仪	标识信息	标识码;分类编码	
			位置信息	经度;纬度;桩号;所在管控单元编码;空间位置;横向位置;高程	
			技术信息	检测精度;输出频率;测量范围;分辨力	
			可靠性信息	失效概率;当前设备工作状态	
			气象环境状态信息	气象环境详细参数	气象环境详细参数类型及其单位、精度、阈值、格式见正文
			几何信息	同设计/施工/养护阶段信息	
	交通信号控制设施构件	车道通行信号灯、匝道信号灯、隧道洞口信号灯、避险车道信号灯	标识信息	标识码;分类编码	
			位置信息	经度;纬度;桩号;所在管控单元编码;横向位置	定义横向位置为所指示车道的编码
			控制信息	可通行性状态参数	定义可通行状态参数为1,关闭通行状态参数为0
			可靠性信息	失效概率;当前设备工作状态	
			几何信息	同设计/施工/养护阶段信息	
	交通信息发布设施构件	可变信息标志(板)	标识信息	标识码;分类编码	
			位置信息	经度;纬度;桩号;所在管控单元编码;横向位置	

续上表

模型构件			模型信息参数		备注/主要参数的数字化定义
管理设施构件	交通信息发布设施构件	可变信息标志(板)	版面信息	数字化编码;版面图片	可参照《道路交通标志编码》(GB/T 30699—2014)进行数字化编码,并以 jpg/png/bmp 等格式存储版面图片与实体构件关联
			控制信息	限制车型;时间段	
			可靠性信息	失效概率;当前设备工作状态	
			几何信息	同设计/施工/养护阶段信息	
		可变限速标志	标识信息	标识码;分类编码	
			位置信息	经度;纬度;桩号;所在管控单元编码;横向位置	
			控制信息	限速值;时间段	
			可靠性信息	失效概率;当前设备工作状态	
			几何信息	同设计/施工/养护阶段信息	
		服务区信息屏、停车诱导设施、应急广播设备	标识信息	标识码;分类编码	
			位置信息	经度;纬度;桩号;所在管控单元编码	
			发布信息	信息内容;时间段	
			可靠性信息	失效概率;当前设备工作状态	
			几何信息	同设计/施工/养护阶段信息	
路网构件	普通路段线段、隧道/桥梁/互通式立交/收费站/服务区/中央分隔带开口节点		标识信息	标识码;分类编码	
			位置信息	经度;纬度;桩号;所在管控单元编码	
			几何信息	同设计/施工/养护阶段信息	
拓扑结构与交通管控构件	节点连接器	单向连接器、双向连接器	标识信息	标识码;分类编码	
			位置信息	经度;纬度;桩号;所在管控单元编码	
			拓扑信息	方向参数	方向参数沿道路横向为1,纵向为2
	边	直线、圆曲线、缓和曲线	标识信息	标识码;分类编码	
			位置信息	起点经度;起点纬度;起点桩号;终点经度;终点纬度;终点桩号	
			拓扑信息	可跨越参数	

续上表

模型构件			模型信息参数		备注/主要参数的数字化定义
拓扑结构与交通管控构件	边	直线、圆曲线、缓和曲线	几何信息	长度;半径;曲率	
	管控单元	车道、路网节点	标识信息	标识码;分类编码	
			位置信息	起点桩号;起点经纬度;终点桩号;终点经纬度;上/下行方向	
			控制信息	动态限速;车道控制;交通分流诱导;换道控制;限流量;限车型	
			交通流信息	流量;车速;密度;车型比例	
			气象信息	雨;雾;冰;雪;风	
车辆	客车、货车、专项作业车		标识信息	标识码;分类编码	
			位置信息	经度;纬度;高程;所属管控单元编码	
			运行信息	时刻;速度	
			技术信息	自动化等级;"两客一危"属性参数;危险品类型和吨位	定义"两客一危"车辆属性参数为1,否则为0,分类编码见属性信息编码表;对于属性参数为1的车辆需要进一步关联其危险品类型和吨位参数
			几何信息	车长、车宽、车高等参数	按实际尺寸参数构建车辆模型或直接导入成型的三维车辆模型
天气	雨、雾、冰、雪、风、沙尘暴		标识信息	标识码;分类编码	
			位置信息	所覆盖管控单元的编码集合	用灾害天气覆盖的管控单元来表示,基于集合的组合与拆分可实现动态划分
			运行信息	持续时间段;具体数值;灾害天气等级	
			几何信息	长度、宽度、厚度等参数	按雨滴、雾颗粒、冰层、雪花等仿真场景中三维构件的几何信息进行构建或直接导入响应的虚拟天气三维模型

注:表中相关数据信息的编码可在特征属性分类编码表中查询得到。

气象环境详细参数 表 A-2

序号	数据类别	测量范围	分辨力	准确度	数据类型	数据格式	数据单位	数据值域
1	能见度	10～2000	1	±10(≤1500m)	数值型	n5	m	10～2000(1)
		10～10000		±20(>1500m)	数值型	n5	m	10～10000(1)
2	气温	-40～+60	0.1	±0.2	字符数值型	an..4,1	℃	-40～+60(0.1)
3	相对湿度	5～100	1	±3(≤80%)	数值型	n3	%	5～100(1)
				±5(>80%)				
4	风速	0～60	0.1	±(0.5+0.03V)	数值型	n..3,1	m/s	0～60(0.1)
5	风向	0～360	3	±5	数值型	n3	°	0～360(3)
6	降水	0～4	0.1	±0.4(≤10mm)	数值型	n..2,1	mm	0～4(0.1)
				±4(>10mm)				
7	路面温度	-40～+80	0.1	±0.5	字符数值型	an..4,1	℃	-40～+80 (0.1)
8	路面状况	区分干燥、微潮、潮湿、积水、积雪/结霜、结冰路面状态			字符型	a1	—	1～6(1)
9	路面水膜厚度	0～2	0.01	±20	数值型	n..3,2	mm	0～2(0.01)
10	路面结冰厚度	0～2	0.01	±20	数值型	n..3,2	mm	0～2(0.01)
11	路面积雪厚度	0～10	0.01	±20	数值型	n..4,2	mm	0～10(0.01)
12	湿滑系数	0.01～1	0.01	±20	数值型	n..3,2	—	0.01～1(0.01)

交通流详细参数 表 A-3

序号	数据类别	测量范围	分辨力	准确度	数据类型	数据格式	数据单位	数据值域
1	动态监控目标数量	0～256 个	1	≥95%	数值型	n3		0～256(1)
2	车型	—	—	≥98%	字符型	a1	—	1～7(1)
3	车道	1～5	1	≥95%	数值型	n1	—	1～5 (1)
4	车流量	0～10000	1	≥95%	数值型	n5	pcu/h	0～10000 (1)
5	车速	0～300	1km/h	±1	数值型	n3	km/h	0～300 (1)
6	车头时距	0～3600	0.01s	≥95%	数值型	n..6,2	s	0～3600 (0.01)
7	车头间距	0～340	0.01m	±0.25	数值型	n..5,2	m	0～340 (1)
8	空间占有率	0～100	1%	≥95	数值型	n3	%	0～100 (1)
9	时间占有率	0～100	1%	≥95	数值型	n3	%	0～100(1)
10	视频	—	1080p HD	≥95%	图片类文本	H.264/H.265	—	—
11	图片	—	200 万像素	≥95%	图片类文本	JPEG	—	—
12	压码率	32kb、16Mb	—	≥95%	—	—	—	—

附录B 编码规则

面向运行风险管控的高速公路设施分类和编码　　表 B-1

编码	一级类	二级类	三级类	四级类
16-05.00.00.00	交通工程及沿线设施			
16-05.01.00.00		交通安全设施		
16-05.02.00.00		管理设施		
16-05.03.00.00		服务设施		
16-06.00.00.00	其他物理结构设施			
16-07.00.00.00	运行结构设施			

面向运行风险管控的高速公路子设施分类和编码　　表 B-2

编码	一级类	二级类	三级类	四级类
17-05.00.00.00	交通工程及沿线设施			
17-05.01.00.00		交通安全设施		
17-05.01.01.00			交通安全设施(段)	
17-05.02.00.00		管理设施		
17-05.02.03.00			通信设施	
17-05.02.11.00			交通运行状态感知设施	
17-05.02.12.00			气象环境感知设施	
17-05.02.13.00			交通信号控制设施	
17-05.02.14.00			交通信息发布设施	
17-05.03.00.00		服务设施		
17-05.03.01.00			服务区	
17-05.03.02.00			停车区	
17-06.00.00.00	其他物理结构设施			
17-06.01.00.00		路网		
17-06.02.00.00		路段		
17-06.03.00.00		车道		
17-07.00.00.00	运行结构设施			
17-07.01.00.00		拓扑结构与交通运行规则		
17-07.02.00.00		车辆		
17-07.03.00.00		天气		

注:1.《公路工程信息模型应用统一标准》(JTG/T 2420—2021)规定的通信设施需扩展,故在此处保留;

2. 管理设施中的其他类别在上述标注的基础上三级分类编号从 11 开始扩展。

面向运行风险管控的高速公路构件分类和编码 表 B-3

编码	一级类	二级类	三级类	四级类
18-07.00.00.00	交通工程及沿线设施构件			
18-07.01.00.00		交通安全设施构件		
18-07.01.01.00			交通标线	
18-07.01.01.01				单实线
18-07.01.01.02				单虚线
18-07.01.01.03				虚实线
18-07.01.01.04				实虚线
18-07.01.01.05				其他标线
18-07.01.02.00			交通标志	
18-07.01.02.01				非地面标志
18-07.01.02.02				地面(文字)标志
18-07.01.03.00			护栏	
18-07.01.03.01				波形梁护栏
18-07.01.03.02				混凝土护栏
18-07.01.03.03				缆索护栏
18-07.01.03.04				组合式护栏
18-07.01.03.05				其他护栏
18-07.01.04.00			视线诱导设施	
18-07.01.04.01				主动发光标线
18-07.01.04.02				雾灯
18-07.01.04.03				道钉
18-07.01.05.00			隔离栅	
18-07.01.06.00			防落网	
18-07.01.07.00			声屏障	
18-07.01.08.00			防眩设施	
18-07.01.09.00			其他交通安全设施构件	
18-07.02.00.00		管理设施构件		
18-07.02.04.00			通信设施构件	
18-07.02.04.11				RSU
18-07.02.04.12				路由器(4/5G)
18-07.02.04.13				边缘计算机
18-07.02.04.14				基站
18-07.02.04.15				配电箱
18-07.02.09.00			交通运行状态感知设备	

续上表

编码	一级类	二级类	三级类	四级类
18-07.02.09.01				毫米波雷达
18-07.02.09.02				微波雷达
18-07.02.09.03				激光雷达
18-07.02.09.04				地磁线圈
18-07.02.09.05				视觉相机
18-07.02.09.06				无人机
18-07.02.10.00			气象环境感知设备	
18-07.02.10.01				气象全站仪
18-07.02.10.02				能见度监测仪
18-07.02.10.03				雨量监测仪
18-07.02.10.04				路面状态监测仪
18-07.02.10.05				降雪量监测仪
18-07.02.10.06				风速仪
18-07.02.10.07				沙尘监测仪
18-07.02.11.00			交通信号控制设施构件	
18-07.02.11.01				车道通行信号灯
18-07.02.11.02				匝道信号灯
18-07.02.11.03				隧道洞口信号灯
18-07.02.11.04				避险车道信号灯
18-07.02.12.00			交通信息发布设施构件	
18-07.02.12.01				可变信息标志(板)
18-07.02.12.02				可变限速标志
18-07.02.12.03				服务区信息屏
18-07.02.12.04				停车诱导设施
18-07.02.12.05				应急广播设备
18-08.00.00.00	其他物理结构构件			
18-08.01.00.00		路网构件		
18-08.01.01.00			普通路段线段	
18-08.01.02.00			隧道节点	
18-08.01.03.00			桥梁节点	
18-08.01.04.00			互通式立交节点	
18-08.01.05.00			收费站节点	
18-08.01.06.00			服务区节点	
18-08.01.07.00			中央分隔带开口节点	
18-09.00.00.00	运行结构构件			

续上表

编码	一级类	二级类	三级类	四级类
18-09.01.00.00		拓扑结构与交通管控规则构件		
18-09.01.01.00			节点	
18-09.01.02.00			边	
18-09.01.02.01				直线
18-09.01.02.02				圆曲线
18-09.01.02.03				缓和曲线
18-09.01.03.00			有向连接器	
18-09.01.03.01				单向连接器
18-09.01.03.02				双向连接器
18-09.01.04.00			管控单元	
18-09.01.04.01				车道
18-09.01.04.02				路网节点
18-09.02.00.00		车辆		
18-09.02.01.00			客车	
18-09.02.01.01				1 类客车(微型/小型)
18-09.02.01.02				2 类客车(中型/乘用车列车)
18-09.02.01.03				3 类客车(大型,核载≤39 人)
18-09.02.01.04				4 类客车(大型,核载≥40 人)
18-09.02.02.00			货车	
18-09.02.02.01				1 类货车(总轴数 2,车长 <6m)
18-09.02.02.02				2 类货车(总轴数 2,车长≥6m)
18-09.02.02.03				3 类货车(总轴数 3)
18-09.02.02.04				4 类货车(总轴数 4)
18-09.02.02.05				5 类货车(总轴数 5)
18-09.02.02.06				6 类货车(总轴数≥6)
18-09.02.03.00			专项作业车	
18-09.02.03.01				1 类专项作业车(总轴数 2,车长 <6m)
18-09.02.03.02				2 类专项作业车(总轴数 2,车长≥6m)
18-09.02.03.03				3 类专项作业车(总轴数 3)
18-09.02.03.04				4 类专项作业车(总轴数 4)
18-09.02.03.05				5 类专项作业车(总轴数 5)
18-09.02.03.06				6 类专项作业车(总轴数≥6)

续上表

编码	一级类	二级类	三级类	四级类
18-09.03.00.00		天气		
18-09.03.01.00			雨	
18-09.03.01.00			雾	
18-09.03.03.00			冰	
18-09.03.04.00			雪	
18-09.03.05.00			风	
18-09.03.06.00			沙尘暴	

注:1.《公路工程信息模型应用统一标准》(JTG/T 2420—2021)已有服务器、显示器、交换机、光纤、电源、照明、供能等设施构件的分类编码,此处不再重复列出;

2. 物理结构路网、路段、车道三个维度的内容分别均由路基、路面、桥梁、隧道、互通式立交、交通工程及沿线附属设施等构件组成,此处不再重复分类编码。

面向运行风险管控的高速公路建设阶段分类和编码 表 B-4

编码	一级类	二级类	三级类	四级类
26-04.00.00.00	运维阶段			
26-04.01.00.00		运行风险管理		
26-04.02.00.00		维护管理		
26-04.02.01.00			养护管理	
26-04.02.02.00			路产管理	

面向运行风险管控的高速公路专业领域分类和编码 表 B-5

编码	一级类	二级类	三级类	四级类
27-10.00.00.00	交通运行管理			
27-10.01.00.00		运行风险管理		
27-10.01.01.00			预防型风险管理	
27-10.01.02.00			缓解型风险管理	
27-10.02.00.00		养护管理		

面向运行风险管控的高速公路特征属性分类和编码 表 B-6

编码	一级类	二级类	三级类	四级类
46-08.00.00.00	运行特征属性			
46-08.01.00.00		交通标志类型		
46-08.01.01.00			警告标志	
46-08.01.02.00			禁令标志	
46-08.01.03.00			指示标志	
46-08.01.04.00			指路标志	
46-08.02.00.00		交通标线承载的交通规则		

续上表

编码	一级类	二级类	三级类	四级类
46-08.02.01.00			可双向跨越	
46-08.02.02.00			可向左跨越	
46-08.02.03.00			可向右跨越	
46-08.02.04.00			不可跨越	
46-08.03.00.00		护栏防护等级		
46-08.03.01.00			一级(C)	
46-08.03.02.00			二级(B、Bm)	
46-08.03.03.00			三级(A、Am)	
46-08.03.04.00			四级(SB、SBm)	
46-08.03.05.00			五级(SA、SAm)	
46-08.03.06.00			六级(SS、SSm)	
46-08.03.07.00			七级(HB、HBm)	
46-08.03.08.00			八级(HA、HAm)	
46-08.04.00.00		护栏位置		
46-08.04.01.00			路侧	
46-08.04.02.00			中央分隔带	
46-08.05.00.00		设备状态		
46-08.05.01.00			正常工作	
46-08.05.02.00			养护维修中	
46-08.05.03.00			在线	
46-08.05.04.00			失联	
46-08.06.00.00		拓扑节点类别		
46-08.06.01.00			全向节点(互通式立交)	
46-08.06.02.00			可驶出、驶入高速公路节点(收费站)	
46-08.06.03.00			临时进出	
46-08.06.04.00			可掉头(中央分隔带开口)	
46-08.07.00.00		车道类别		
46-08.07.01.00			常规行车道	
46-08.07.02.00			应急车道	
46-08.07.03.00			入口匝道	
46-08.07.04.00			出口匝道	
46-08.07.05.00			自动驾驶专用车道	
46-08.07.06.00			小客车专用车道	

续上表

编码	一级类	二级类	三级类	四级类
46-08.07.07.00			客车专用车道	
46-08.07.08.00			货车专用车道	
46-08.08.00.00		车辆类别		
46-08.08.01.00			人工驾驶车辆	
46-08.08.01.01				常规车辆
46-08.08.01.02				三类以上班线客车辆
46-08.08.01.03				旅游包车
46-08.08.01.04				危险化学品运输车辆
46-08.08.01.05				大件运输车
46-08.08.02.00			自动驾驶车辆	
46-08.08.02.01				L0 级
46-08.08.02.02				L1 级
46-08.08.02.03				L2 级
46-08.08.02.04				L3 级
46-08.08.02.05				L4 级
46-08.08.02.06				L5 级
46-08.09.00.00		气象环境		
46-08.09.01.00			能见度	
46-08.09.01.01				1 级(200m < L① ≤500m)
46-08.09.01.02				2 级(100m < L≤200m)
46-08.09.01.03				3 级(50m < L≤100m)
46-08.09.01.04				4 级(L≤50m)
46-08.09.02.00			降雨强度	
46-08.09.02.01				1 级(10.0 ~ 14.9mm/h)
46-08.09.02.02				2 级(15.0 ~ 29.9mm/h)
46-08.09.02.03				3 级(30.0 ~ 49.9mm/h)
46-08.09.02.04				4 级(≥50mm/h)
46-08.09.03.00			路面高温	
46-08.09.03.01				1 级(55℃ ≤T② < 62℃)
46-08.09.03.02				2 级(62℃ ≤T < 68℃)
46-08.09.03.03				3 级(68℃ ≤T < 72℃)
46-08.09.03.04				4 级(T≥72℃)
46-08.09.04.00			风力	
46-08.09.04.01				1 级(8.0 ~ 13.8m/s)
46-08.09.04.02				2 级(13.9 ~ 17.1m/s)

续上表

编码	一级类	二级类	三级类	四级类
46-08.09.04.03				3 级(17.2～20.7m/s)
46-08.09.04.04				4 级(≥20.8m/s)
46-08.09.05.00			降雪	
46-08.09.05.01				1 级(小雪或雨夹雪)
46-08.09.05.02				2 级(中雪)
46-08.09.05.03				3 级(大雪)
46-08.09.05.04				4 级(暴雪)
46-08.09.06.00			积雪	
46-08.09.06.01				1 级(h③ <1.0cm)
46-08.09.06.02				2 级(1.0cm≤h <2.9cm)
46-08.09.06.03				3 级(3.0cm≤h <4.9cm)
46-08.09.06.04				4 级(h≥5.0cm)
46-08.09.07.00			沙尘暴	
46-08.09.07.01				1 级(200m <L≤500m)
46-08.09.07.02				2 级(100m <L≤200m)
46-08.09.07.03				3 级(50m <L≤100m)
46-08.09.07.04				4 级(L≤50m)
46-08.10.00.00		风险类别		
46-08.10.01.00			突发事件	
46-08.10.01.01				交通拥堵风险
46-08.10.01.02				灾害天气风险
46-08.10.01.03				交通事故风险
46-08.10.02.00			计划事件	
46-08.10.02.01				养护作业风险
46-08.10.02.02				改扩建工程施工风险
46-08.10.02.03				重大活动和节假日风险
46-08.11.00.00		风险级别		
46-08.11.01.00			Ⅰ级	
46-08.11.02.00			Ⅱ级	
46-08.11.03.00			Ⅲ级	
46-08.11.04.00			Ⅳ级	
46-08.12.00.00		预防型管控措施		
46-08.12.01.00			分离类对策	
46-08.12.01.01				车道关闭与向左/右变道
46-08.12.01.02				专用车道

续上表

编码	一级类	二级类	三级类	四级类
46-08.12.01.03				对向车道变向使用
46-08.12.01.04				同向车道变向使用
46-08.12.01.05				匝道控制(立交)
46-08.12.02.00			车辆行驶限制类对策	
46-08.12.02.01				动态限速
46-08.12.02.02				车距控制
46-08.12.02.03				禁止超车
46-08.12.02.04				车型控制
46-08.12.03.00			限流类对策	
46-08.12.03.01				入口流量限制
46-08.12.03.02				入口关闭
46-08.12.04.00			诱导类对策	
46-08.12.04.01				局域路网内分流路径诱导
46-08.12.04.02				局域路网外交通流入网诱导
46-08.12.04.03				枢纽立交匝道流向重组
46-08.12.05.00			预防型工程类对策	
46-08.12.05.01				应急消雾与视线诱导
46-08.12.05.02				应急除冰与除雪
46-08.13.00.00		缓解型管控措施		
46-08.13.01.00			生存保障类对策	
46-08.13.01.01				逃生路径引导
46-08.13.01.02				紧急医疗救护
46-08.13.01.03				应急通风
46-08.13.01.04				自设消防
46-08.13.01.05				多部门联动
46-08.13.01.06				应急照明
46-08.13.02.00			紧急工程类对策	
46-08.13.02.01				应急道路维修
46-08.13.02.02				应急清障

注:①L 代表等级。
②T 代表温度。
③h 代表高度。

参考文献

[1] 中华人民共和国国家统计局. 中国统计年鉴[EB/OL]. http://www.stats.gov.cn/sj/ndsj/.

[2] MASOUMI K,FOROUZAN A,BARZEGARI H,et al. Effective factors in severity of traffic accident-related traumas; an epidemiologic study based on the Haddon matrix[J]. Emergency, 2016,4(2):78.

[3] EHLERS U C,RYENG E O,MCCORMACK E,et al. Assessing the safety effects of cooperative intelligent transport systems:A bowtie analysis approach[J]. Accident Analysis & Prevention, 2017,99:125-141.

[4] AKINTOYE A S,MACLEOD M J. Risk analysis and management in construction[J]. International journal of project management,1997,15(1):31-38.

[5] WANG W C,LIU J J,CHOU S C. Simulation-based safety evaluation model integrated with network schedule[J]. Automation in construction,2006,15(3):341-354.

[6] SERGUIEVA A, HUNTER J. Fuzzy interval methods in investment risk appraisal[J]. Fuzzy Sets and Systems,2004,142(3):443-466.

[7] KUCHTA D. Use of fuzzy numbers in project risk (criticality) assessment[J]. International Journal of project management,2001,19(5):305-310.

[8] EBRAHIMNEJAD S,MOUSAVI S M,SEYRAFIANPOUR H. Risk identification and assessment for build-operate-transfer projects: A fuzzy multi attribute decision making model[J]. Expert systems with Applications,2010,37(1):575-586.

[9] MOUSAVI S M,TAVAKKOLI-MOGHADDAM R,HASHEMI H,et al. A novel approach based on non-parametric resampling with interval analysis for large engineering project risks[J]. Safety science,2011,49(10):1340-1348.

[10] RONCOLI C,BERSANI C,SACILE R. A risk-based system of systems approach to control the transport flows of dangerous goods by road[J]. IEEE Systems Journal,2012,7(4):561-570.

[11] MOOREN L,GRZEBIETA R,WILLIAMSON A,et al. Safety management for heavy vehicle transport:A review of the literature[J]. Safety science,2014,62:79-89.

[12] BORTEY L,EDWARDS D J,ROBERTS C,et al. A Review of Safety Risk Theories and Models and the Development of a Digital Highway Construction Safety Risk Model[J]. Digital, 2022,2(2):206-223.

[13] PRABHAKAR S V,ABU-BAKAR A,BECKER S,et al. Insurance for disaster risk reduction and climate change adaptation-an overview[J]. Effectiveness of Insurance,2015:4.

[14] HADDON JR W. Advances in the epidemiology of injuries as a basis for public policy[J]. Public health reports,1980,95(5):411.

[15] 蒋锐,郭忠印. 基于动态归类技术的交通流实时运营风险评价[J]. 同济大学学报(自然科学版),2011,39(1):57-61.

[16] 胡立伟,杨锦青,何越人,等.基于改进BP神经网络的城市交通拥塞环境下车辆运行风险识别研究[J].公路交通科技,2019,36(10):105-113.

[17] 马艳丽,范璐洋,吕天玲,等.车辆运行风险贝叶斯网络量化分级方法[J].哈尔滨工业大学学报,2020,52(3):33-37.

[18] 张晨琛,贾利民.基于ANP和模糊积分的高速公路网运营风险评估方法[J].复旦学报(自然科学版),2018,57(4):527-534.

[19] 王立浩.基于层次分析法的高速公路危险品运输安全风险评估[J].内蒙古公路与运输,2017(2):54-56.

[20] 潘正中,邬洪波,廖军洪,等.高速公路隧道运营安全风险管理技术研究[J].公路,2017,62(1):141-146.

[21] 罗勇,李玉文,袁家伟,等.高速公路隧道运营安全风险评估研究[J].现代隧道技术,2016,53(6):25-30.

[22] 陈维谦.广珠高速公路交通事故风险控制研究[D].广州:暨南大学,2017.

[23] 李国良.利用物联网技术提升不良气象条件下高速公路安全管理智能化水平的研究[J].中国安全防范认证,2017(6):67-73.

[24] 白如月,廖军洪,晁遂.基于风险评估技术的在役高速公路限速方案调整论证方法[J].公路交通科技,2020,37(S2):115-122.

[25] 张晨琛,贾利民.高速公路网运营风险分析方法研究[J].中国安全科学学报,2016,26(9):135-139.

[26] 李志慧,孙雅倩,陶鹏飞,等.交通事故后的交通运行风险状态等级预测方法[J].吉林大学学报(工学版),2022,52(1):127-135.

[27] 许甜,苏东兰,赵明,等.城市快速路交织区运行风险预测模型[J].科学技术与工程,2021,21(4):1637-1642.

[28] 黄勤威.复杂路网条件下高速公路互通区指路标志内容设计研究[D].福建:福州大学,2017.

[29] 劳潮惠,吴群琪,王芳.公路网节点层次划分方法[J].交通运输工程学报,2013,13(2):80-85.

[30] KERMARREC A M,MERRER E L,SERICOLA B,et al. Second order centrality:distributed assessment of nodes importance in complex networks[J]. Computer Communications,2011,34(5):619-628.

[31] GEISBERGER R,SANDERS P,SCHULTES D,et al. Contraction hierarchies:Faster and simpler hierarchical routing in road networks[C]//International Workshop on Experimental and Efficient Algorithms. Springer,Berlin,Heidelberg,2008:319-333.

[32] 胡晓健,王炜,陆建,等.控制排队长度的高密度路网信号优化模型[J].控制理论与应用,2010,27(12):1693-1698.

[33] 刘兰英.什么是路权?[J].汽车运用,2004(5):44.

[34] FHWA. 2015. Use of Freeway Shoulders for Travel-Guide for Planning,Evaluating,and Designing Part-Time Shoulder Use as a Traffic Management Strategy,FHWA-HOP-15-023,Wash-

ington, DC.
[35] 中华人民共和国交通运输部. 道路交通标志和标线 第2部分:道路交通标志:GB 5768.2—2022[S]. 北京:中国标准出版社,2022.
[36] Federal Highway Administration. Manual on Uniform Traffic Control Devices for Streets and Highways [M]. Washington, D. C. : Federal Highway Administration, 2009.
[37] 何永明,裴玉龙. 超高速公路发展可行性论证与必要性研究[J]. 公路,2016,61(1): 158-162.
[38] 中国公路学会. 小客车专用高速公路工程技术指南:T/CHTS 10042—2021[S]. 北京:中国标准出版社,2021.
[39] 中华人民共和国交通运输部. 公路工程技术标准:JTG B01—2014[S]. 北京:人民交通出版社,2014.
[40] 潘兵宏,周锡浈,周廷文,等. 高速公路互通式立交出口识别视距计算模型[J]. 同济大学学报(自然科学版),2020,48(09):1312-1318+1352.
[41] MA K, WANG H. How Connected and Automated Vehicle-Exclusive Lanes Affect On-Ramp Junctions[J]. Journal of transportation engineering part a-systems, 2021, 147(2): 04020157.
[42] 赵鸿铎,朱兴一,涂辉招,等. 智能铺面的内涵与架构[J]. 同济大学学报(自然科学版), 2017,45(8):1131-1135.
[43] 陈娇娜. 大数据驱动下的高速公路交通运行状态评价与分析[D]. 西安:长安大学,2016.
[44] 郭明旻,孙櫻,吴正,等. 两条四车道城际高速公路交通流实测研究[J]. 复旦学报(自然科学版),2014,53(5):673-680,688.
[45] 吴正,朱辉,贾楠. 基于快速路交通录像的交通流模型参数测量方法研究[J]. 复旦学报(自然科学版),2008(2):147-152.
[46] SUN D Q, HU J L, ZI-IU X Y. Size optimization and self. Healing evaluation of microcapsules in asphalt binder[J]. Colloid and Polymer Science, 2015, 293(12): 3505.
[47] BERNIE A, SANTANU R, JOSHUA S, et a1. Autonomous and connected vehicles-preparing for the future of surface transportation[R]. Duhai: HDR Inc, 2015.
[48] 龚攀. 高速公路运营期环境风险度量与管控策略研究[D]. 重庆:重庆大学,2021.
[49] WHITELEGG J, HAQ G. Vision zero: adopting a target of zero for road traffic fatalities and serious injuries[M]. Stockholm: The Stockholm Environment Institute, 2006: 9-10.
[50] KRISTIANSSEN A C, ANDERSSON R, BELIN M Å, et al. Swedish vision zero policies for safety-a comparative policy content analysis[J]. Safety Science, 2018, 103: 260-269.
[51] 范道津,陈伟珂. 风险管理理论与工具[M]. 天津:天津大学出版社,2009.
[52] 刘新立. 风险管理[M]. 2版. 北京:北京大学出版社,2014.
[53] International Organization for Standardization. Risk management-vocabulary guidelines for use in standards: ISO/IEC GUIDE 73: 2002[S]. Switzerland, 2002.
[54] International Organization for Standardization. Risk management-Vocabulary: ISO GUIDE 73: 2009[S]. Switzerland, 2009.
[55] 中国国家标准化管理委员会. 风险管理 术语:GB/T 23694—2013[S]. 北京:中国标准

出版社,2013.
[56] 喻湘存,熊曙初.系统工程教程[M].北京:清华大学出版社,2006.
[57] 张圆圆,汪光焘,陈小鸿.道路网络结构的交通安全分析方法[M].上海:同济大学出版社,2018.
[58] LI Q,CHEN Y L. Modeling and analysis of enterprise and information systems[M]. Berlin: Springer,2009:85-97.
[59] CHONG H Y,DIAMANTOPOULOS A. Integrating advanced technologies to uphold security of payment:Data flow diagram[J]. Automation in construction,2020,114:103158.
[60] 中华人民共和国交通运输部.公路工程信息模型应用统一标准:JTG/T 2420—2021[S].北京:人民交通出版社股份有限公司,2021.
[61] 中华人民共和国交通运输部.公路工程设计信息模型应用标准:JTG/T 2421—2021[S].北京:人民交通出版社股份有限公司,2021.
[62] 中华人民共和国交通运输部.公路工程施工信息模型应用标准:JTG/T 2422—2021[S].北京:人民交通出版社股份有限公司,2021.